Batalhas Ocultas

Batalhas Ocultas

Pureza, Deus, Rapazes e Vida.

Written by

Rachel Hamilton

Traduzido por:
www.christian-translation.com

ZealAus
Publishing

Batalhas Ocultas
Pureza, Deus, Rapazes e Vida.

Copyright © 2019 by Rachel Hamilton

www.zealauspublishing.com

This is a Portuguese translation of
Hidden Struggles : Purity, God, Guys & Life.
By Rachel Hamilton.
Published by WestBow Press

ISBN: 978-1-925888-51-5 (e)
ISBN: 978-1-925888-52-2 (hc)
ISBN: 978-1-925888-17-1 (sc)

Dedicado a

Jaquelma e Janaína.

Vocês significam muito para mim, vocês são incríveis e sou-lhes muito grata por fazerem parte da minha vida.

Contents

Rachel Hamilton

De coração a coração.

Bendito seja o Deus e Pai de nosso Senhor Jesus Cristo, Pai das misericórdias e Deus de toda consolação, que nos consola em todas as nossas tribulações, para que, com a consolação que recebemos de Deus, possamos consolar os que estão passando por tribulações.
2Coríntios 1:3-4

Como toda minha geração eu fico muito tempo no computador. Um dia que não começa com Facebook não parece ser um dia. Eu economizei e comprei meu primeiro notebook uns dois anos atrás e, rapaz, eu estava ansioso para usá-lo. Mesmo sendo experiente com computadores eu ainda me surpreendo com tudo que ele faz. Às vezes eu acho que a vida é como um computador. Eu apenas havia saído da adolescência o qual foram duras curvas de aprendizado e eu aprendi muito sobre como Deus tem me programado de maneira única, mas ainda

1

tropeço em facetas minhas que não imaginava que existia.

Eu nunca imaginei a mim mesma como uma escritora, mas de alguma forma o Espírito de Deus soprou meu barco rumo ao rio das palavras. Eu acho estranho que eu, que em minha juventude escondi minhas lutas daqueles mais próximos e mais queridos, esteja tornando público partes mais vulneráveis do meu coração. Porque esta é a maneira de Deus transformar água em vinho, ou um vaso quebrado em vaso de incenso. Eu revelo a vocês lutas secretas do meu coração. Se pela graça de Deus eu puder ajudar uma pessoa por meio do solitário, traiçoeiro vale da adolescência terá valido a pena.

Rachel Hamilton

Apenas uma garota.

Não há judeu nem grego, escravo nem livre, homem nem mulher; pois todos são um em Cristo Jesus.
Gálatas 3:28.

Quando você quer fazer a diferença é difícil ser feliz com uma vida comum. Minha meta é tocar a vida dos outros com o bem. Normalmente este tipo de atitude não é se aplica com o mal, cntão ele me alimentou com grandes mentiras dizendo que sendo uma garota eu era uma pessoa inferior e nunca poderia ser valente e forte como um rapaz. (Esta grande mentira é antiga, mas ainda eficaz). Eu engoli a mentira e me afundei em mim mesma e comecei a odiar quem eu era e não pude ver como Deus poderia me usar com a desvantagem insuperável de ser mulher. Era um mistério pensar porque Deus tinha se preocupado em me criar. Eu lutei contra este sentimento de segundo plano até que Deus me mostrou que aos seus olhos não somos homens ou mulheres, ricos ou pobres. Foi tamanho conforto para eu entender que Deus pode e queria me usar. Ele não está procurando apenas por homens, ele procura um coração desejoso, isto o faz sorrir, ele usará qualquer um que esteja disposto. E isto é tão excitante quando ele encontra!

Quando a maioria das garotas está sonhando em ganhar um pônei, o que eu queria mais que tudo era ter um TESTEMUNHO. Eu pedi a Jesus dentro do meu coração como uma criança e foi tão simples que não se podia qualificar com um testemunho REAL. Foi um sonho louco para uma garotinha que nunca ficou em frente a uma multidão e gostava de se esconder na retaguarda. Eu não gostava de estranhos olhando para mim e preferia a segurança de minha casa com minha família do que conhecer novas pessoas. Mas no fundo eu tinha um sonho, um sonho desde criança, eu queria ser missionária. Queria trabalhar em orfanatos, o que seria com certeza um TESTEMUNHO. Com frequência procurei na internet por viagens em missões, mas nada resultou. Foi aos dezenove anos que Deus abriu as portas para mim e embarquei em uma viagem missionária por três meses. Eu estava tão ansiosa em me envolver em uma grande aventura e finalmente ter um TESTEMUNHO.

Rachel Hamilton

Meu Testemunho.

Aprendam a fazer o bem! Busquem a justiça, acabem com a opressão. Lutem pelos direitos do órfão, defendam a causa da viúva.
Isaías 1:17

Eu embarquei no navio "Logos Hope" em Dubai e partimos para Sri Lanka. Minha viagem foi ótima e uma grande oportunidade para conhecer os membros da equipe antes do navio ancorar e abrir as portas para a multidão que se aglomerou a plataforma de desembarque. Juntos ficamos em pé vendo nada mais que água e observando centenas de golfinhos pulando sobre as ondas e grandes cobras d'água e medusas nadando ao redor. O sol nascia e se punha dramaticamente e à noite as ondas nos embalavam o sono. Éramos quatrocentas pessoas de 50 países diferentes e era incrível essa experiência de ver como diferentes culturas trabalhavam em sintonia.

Batalhas Ocultas

Pessoas no navio realmente mostravam o amor de Deus em suas vidas, mesmo que fosse através de um sorriso ou abraço.

Antes de chegarmos a Sri Lanka, eu não sabia o que esperar, tínhamos tido uma breve explicação sobre o país, mas para ser sincera, eu estava com muito medo de encontrar o povo local. No primeiro dia o navio foi aberto ao público. Eu desci para conhecer o povo local em uma plataforma reservada para isto. Era um povo caloroso e amigável e no final do dia já estava me dando bem com eles. Sendo uma neozelandesa me fez particularmente popular uma vez que meu país jogou críquete contra Sri Lanka e perdeu. Eu podia sempre contar aos fanáticos por esportes sobre a péssima atuação dos jogadores neozelandeses. Em um canto distante dos fãs de esporte eu observei uma senhora sentada sozinha e ela me olhou tão triste que fui falar com ela. Ela me contou sobre sua vida e me senti privilegiada por ela se abrir comigo. Então eu conheci a família inteira. Sua filha me disse mais tarde como sua mãe tem estado muito depressiva, mas que a conversa comigo tinha ajudado. De volta à Nova Zelândia onde eu sentia dificuldade em conhecer pessoas, esta nova coragem foi um presente de Deus. Meu trabalho no navio era limpar banheiro, aspirar às várias escadas e corredores do navio, e trabalhar na lavanderia. Todas as garotas com as quais trabalhei eram incríveis. Nós ríamos e fazíamos piadas uma das outras enquanto trabalhávamos juntas. Limpar banheiro público (especialmente quando pessoas que usavam não estavam acostumadas ao estilo ocidental de ser) foi um desafio e uma grande lição de humildade.

O navio entrou em doca seca durante meu período com Logos Hope, então nós fomos para terra por cinco semanas em algo que chamamos Equipe do desafio. Meu primeiro time foi um grupo de sete pessoas e fomos à casa de um garoto nas montanhas do Sri Lanka. Deixamos o navio logo ao amanhecer e viajamos duas horas em um trem como eu nunca havia visto antes. Pessoas se apertando penduradas do lado de fora e em cima dos vagões. As autoridades da saúde e segurança de Nova Zelândia ficariam chocadas. Perto de mim pessoas desconhecidas balbuciavam palavras estranhas enquanto seguíamos nosso caminho e ainda assim eu sentia Deus perto de mim que em momento algum eu me senti com medo.

A casa do garoto nos primeiros dias era ótima e eu ria como não fazia há anos enquanto jogávamos e interagíamos com as crianças. As montanhas verdejantes, os edifícios arrumados e a chuva me fizeram recordar de minha casa enquanto os famili-

ares mostravam sua bondade para comigo. Nem todos os garotos eram órfãos, alguns deles estavam
lá porque seus familiares não tinham condições de
cuidar deles. Às vezes celebravam dia da família
e era muito difícil para alguns deles que não tinha
família. No dia em que deixei minha infância e tor-
mei-me adulta foi no dia da Família.

Foi doloroso ver a inveja dos garotos que não
tinham pais e saber que eu não podia fazer nada
para preencher o vazio. Era estranho como eu havia
me adaptado à cultura de Sri Lanka. Comer espe-
ciarias que fazem seus lábios parecerem que estão
derretendo e também com as mãos se tornaram algo
normal. Minha mãe diz que deve ter sido por causa
da criação de boas maneiras familiar! Apesar do
trabalho nesta casa estar correndo bem, podíamos
sentir uma opressão sombria espiritual sobre aquele
local e orávamos muitos dias por proteção dos fun-
cionários, das crianças e por nós. Eu acredito que
havíamos sido enviados lá justamente para este
tempo.

Durante este período eu comecei a ler livros in-
teiros da bíblia em uma só sentada de forma que
Deus me deu conforto durante as leituras de sua
palavra. Enquanto estava lendo os garotos vinham
e me pediam para ler para eles ou eles traziam a
bíblia em sua própria língua e liam ao meu lado.

Rachel Hamilton

Foi um tempo especial e criei um vínculo afetivo com aquelas crianças. Até que chegou o momento de irmos, na última noite eu gastei o máximo de tempo que podia com as crianças, os mais velhos ficaram muito tristes porque eu estava indo embora, eles oravam para que eu pudesse voltar e visitá-los, nós partimos cedo pela manhã para pegar nosso trem, mas quando chegamos à estação descobrimos que não havia mais lugares. O que seria um grande problema em Nova Zelândia não era em Sri Lanka. Sentamos em nossas malas perto da porta aberta e observávamos o chão passar rapidamente sob nós durante todo caminho de volta. Muitas pessoas no trem vieram para conversar conosco uma vez que éramos novidade. Eu não queria conversar muito, pois com tudo que tinha acontecido eu ainda estava processando. Após a louca viagem de trem e igualmente louca viagem de ônibus, chegamos ao local onde devíamos nos encontrar com as demais equipes Equipes do desafio.

De pé como uma ilha no oceano de amigos que voltavam da missão eu me senti emocionalmente quebrado com as lembranças dos eventos, das pessoas e a diferença cultural me banharam. Dois queridos amigos viram que eu estava numa luta e oraram por mim. Olhando para trás eu realmente acredito que Deus estava quebrando meu coração para o que ele queria. Eu saí no dia seguinte às 3:00am para minha segunda equipe de desafio, eu não estava tão empolgada em fazer outra Equipe de Desafio. Desta vez era uma equipe maior e vinte de nós nos amassamos no trem por 8 horas em direção a uma região dividia pela guerra no norte de Sri Lanka. Chegamos à Igreja onde ficaríamos e descobrimos que não tínhamos cama, nem água potável. Havia algumas duchas, mas ficava fora próximo ao poço e tivemos que criar uma maneira de nos limparmos com nossas roupas (não é modo mais eficiente de se limpar, mas todos no final tivemos uma estranha experiência de erupções na pele). Havia um estilo de banheiro na Sri Lanka de agachamento para toda a equipe, rapazes e moças (outra experiência interessante). À noite amarrávamos duas linhas de mosquiteiros sobre o chão e esta era nossa cama, uma para as meninas e outra para os rapazes.

Cada manhã tínhamos que acordar, nos vestir e desfazer os mosquiteiros até 7:00am para que pudéssemos participar de qualquer encontro de orações. Já que não havia comida, na hora do almoço saíamos e comprávamos petiscos e grandes garrafões de água dos vendedores ambulantes locais. Nós ficamos mais criativos com o passar do tempo, então os rapazes e garotas se revezavam tomando banho com a água da pia batismal (certamente não é o uso mais espiritual para esta água). Nada como sofrermos juntos para estreitar os laços de amizade. O fato de rirmos, gemermos e sofrermos por causa do chuveiro, banheiro e comida, nos uniu ainda mais como equipe.

E ainda havia o transporte! Nosso anfitrião conseguiu um Jeep coberto que cabiam 10 pessoas confortavelmente. Porém no estilo do povo local íamos os vinte emaranhados. Apertávamos uns contra os outros por horas. Foi uma relação de proximidade bem parecida com a que vivemos partilhando banheiros, chuveiro essa nossa experiência de balançar de um lado para o outro por causa dos buracos nas estradas embalados por um tocador de ukulele que cantava e contava loucas histórias e raps. Uma noite, estávamos dirigindo pela estrada no meio do nada, quando derrepente o jeep se deparou com uma pedra grande no meio da estrada. Não havia como passar por ela, nem contorná-la. Então fomos a pé até a casa de um garoto que nos convidou para jantarmos. Sem nenhuma iluminação, o retorno pelo escuro foi difícil. Houve alguns tropeços em pedras, mas ao olhar para cima e ver o céu pintado por milhares de pontinhos luminosos foi uma grande compensação. No Domingo de Páscoa fizemos uma encenação na Igreja e explicamos à congregação sobre nossa viagem missionária e porque decidimos participar.

Batalhas Ocultas

Normalmente eu teria ficado muito assustada em fazer isto, mas Deus me deu tamanha coragem que fui capaz de fazer coisas que nunca pensei que seria possível. A mistura com os cingaleses de que pertenciam à igreja onde estávamos alojados me deu um verdadeiro respeito e admiração por eles, como "adoravam a Deus com todo o coração. Eu possuo tenho muito mais do que a grande maioria deles, mas não sou tão agradecido a Deus quanto este povo que tiveram suas vidas devastadas pela guerra. Uma lição de humildade. Um dia eu e uma dupla de garotas da minha equipe fomos visitar a casa de umas garotas do outro lado da rua. Estas queridas nos convidaram e nos deram um chá doce com biscoitos. Então elas cantaram e dançaram e cantaram para nós. Tropeçando entre o Inglês e o Tamil nós tentamos nos comunicar. Fomos levados para um quarto cheio de máquinas de costuras onde a garota mais velha fazia adoráveis sacolas para vender. Estas lindas e adoráveis garotas penduravam em nossos ombros e nos diziam que éramos muito mais lindas que elas. É triste que elas não tivessem ideia como eram lindas por direito próprio. Os cristãos locais com os quais trabalhamos eram o povo mais gentil que poderia encontrar. Eles se doavam inteiramente para a comunidade. Muitos levantavam às 5:00h da manhã para ir e servir comida para pessoas necessitadas. Suas vidas brilhavam a luz de Deus em tudo que faziam. Muitos passaram por terríveis sofrimentos, mas se levantaram e se tornaram homens e mulheres de Deus incríveis.

Após alguns dias esta equipe dividiu-se em três grupos, o primeiro grupo era a equipe que se concentrava na conscientização e alerta do HIV/AIDS. Grupo dois estava envolvido com crianças e nosso grupo era serviço prático. Começamos limpando os pontos de ônibus e realmente necessitava, pois estava coberto com cartazes velhos e o chão tinha lama até os joelhos. Nós rasgamos e raspamos os cartazes antigos, retiramos a lama e colocamos uma drenagem de irrigação em volta da base do abrigo para evitar que escorresse para dentro. Foi um trabalho duro e às vezes trabalhávamos até o escurecer, mas era divertido e havia muita piada e gargalhada. Muitas vezes enquanto trabalhávamos, as pessoas paravam e nos assistiam. Tornou-se uma ótima oportunidade para conversar com as pessoas que paravam. Um dia, um grupo de jovens rapazes cingaleses pararam e nos ajudaram a limpar. Eles disseram que queriam ajudar, uma vez que estamos fazendo algo em favor do país deles. Uma vez que o ponto de ônibus estava limpo a equipe de HIV vinha e pintava os muros com informações de prevenção. Agora eles podiam sentar com conforto, enquanto liam a mensagem podia salvar vidas.

Um dia alguns rapazes foram solicitados para limpar o tubo de um poço e eles me pediram para ajudá-los, uma vez que eu tinha ganhado a reputação de ser fisicamente forte. O poço estava localizado do lado de fora do hospital de vítimas com paralisia provocada por feridas de tiros e era apenas um buraco no chão, bem longe de ser um poço como imaginava. Para limpá-lo tivemos que instalar um longo tubo dentro dele e bombear com alta pressão. Enquanto trabalhávamos nós flagramos algumas crianças em cadeiras de roda nos olhando o que me fez pensar o quanto a guerra pode impactar até nas vidas de pequenas crianças, após limparmos o poço nós fomos para uma região muito pobre dentro de um campo minado e limpamos um enorme poço do qual duas mil famílias retiravam suas águas. Paramos bem próximo ao poço e caminhamos vigiando nossos passos do Jeep até o poço, pois havia a real possibilidade de pisarmos em uma mina. É realmente triste ver crianças privadas de sua liberdade de correr livremente em sua própria terra natal por causa das minas.

Limpar os grandes poços era como limpar uma enorme piscina funda o suficiente para afundar um submarino. Primeiro eles colocaram bombas de drenagem dentro do poço e enquanto a água era drenada nós pulamos dez a quinze pés dentro da água e limpamos as bordas do poço com casca de coco. Uma vez que água foi drenada, retiramos a lama do fundo e colocamos dentro de baldes que eram puxados para fora por longas cordas. Fizemos um processo semelhante dentro da lama, caminhando nas laterais escalando longas cordas. Isto não é para pessoas com problemas cardíacos e era melhor não olhar para baixo. Crianças, lama e água no calor escaldante de Sri Lanka, quem poderia resistir às lutas contra lama e água? Não nós. Divertimo-nos bastante. Puxando uns aos outros dentro do poço, corridas loucas de volta para casa na traseira do caminhão e nadando em lagos cheios de crocodilos e sanguessugas eram apenas algumas das maravilhosas experiências que vivemos juntos.

Um dia, após voltarmos de um longo dia limpando poço, havia um jornal jogado em cima da mesa, estava escrito na língua nativa cingalesa, um dos índios que podiam ler casualmente mencionou que havia uma reportagem sobre Nova Zelândia. Quando perguntei a ele mais informações ele me disse que o país havia sido abalado por um enorme tornado, ao norte de Auckland. Uma dor dilacerante passou por mim. Minha família era do Norte de Auckland e não tinha tido contato com eles por quatro semanas e eu não tinha a menor ideia se estavam vivos ou mortos. Com pouca informação foi difícil saber o que tinha acontecido. Fiquei profundamente preocupada com minha família. Fomos convidados a um jantar, mas a noite toda eu fiquei ruminando em preocupações. Parece que quando você está pra baixo é quando satanás decide pegar você e desta vez não foi exceção.

O anfitrião disse algo que me feriu profundamente e eu me sentei quase chorando fingindo que sorria. Enquanto eu me esforçava para esconder meu sofrimento, senti a voz gentil de Deus sussurrar que ele estava muito feliz comigo e por isso satanás está muito nervoso com o que estava vivendo e que é por isso que fui atacada aquela noite e fui lavar minhas roupas no lado de fora, em um balde, chorando disfarçada e senti Deus me perguntando se eu daria a ele minha família. Se ele levasse minha família ainda assim eu O louvaria, ainda acreditaria que ele me amava e que sua Vontade é melhor que a minha? Eu confiaria nele em tudo, eu encorajaria a outros a seguí-Lo? Sob a lua cingalesa eu dei a Deus o mais importante para mim, eu dei a Ele minha família e coloquei toda minha confiança Nele, dando a Ele o controle sobre minha vida. Na manhã seguinte eu descobri que o tornado não tinha atingido a região perto da minha família e que todos estavam bem. Então percebi que Deus tinha permitido que passasse por todo aquele sofrimento para que eu realmente confiasse inteiramente Nele. Tudo na vida tem um fim e chegou o momento de voltarmos ao navio. A esposa do pastor tinha feito um chá doce para começarmos nosso dia. Embora estivéssemos tristes em dizer adeus aos nossos novos amigos também estávamos alegres por reencontrar nossos amigos de viagem na doca. Também estávamos ansiosos por termos um banho VERDADEIRO após nos lavarmos com balde por duas semanas. Ríamos ao comentar as duas coisas que faríamos ao voltarmos para o navio, tomar um bom banho e deitar em uma cama de VERDADE.

Ver o navio novamente após cinco semanas foi como voltar para casa. Havia muitos abraços e risadas ao reunirmos todas as equipes. Todos tinham histórias fascinantes para partilhar. Uma vez que era bom estarmos todos juntos novamente, meus primeiros dias no navio foram difíceis para mim. Eu desejei estar ainda na equipe de desafio onde cada dia era uma aventura e você nunca sabia o que poderia acontecer. Também senti falta de poder passar o tempo com o Senhor, a vida no navio é muito corrida, uma vez que trabalhávamos das 6:00am até 3:30 da tarde, mas eu senti como se eu não estivesse fazendo a diferença. Estávamos programados de ir para Índia assim que voltássemos da Equipe de desafio, mas o navio precisou de alguns reparos então ficamos mais duas semanas em Sri Lanka. Eu fiquei feliz, pois meu amor por Sri Lanka e seu povo havia crescido. Trabalhar todo dia com pessoas de vários países abriu minha visão de mundo e me ensinou muito sobre diferentes culturas, do mesmo modo aconteceu com meus amigos das outras duas equipes de desafio. Foi legal acordar a cada manhã e ser capaz de conversar com pessoas que pensam como você no café da manhã, almoço e jantar. Eu fiquei no convés à noite enquanto partíamos do porto de Sri Lanka observando o que tinha sido nosso lar por nove semanas se tornar cada vez menor até desaparecer.

Eu tinha vindo para fazer a diferença nas vidas do povo cingalês, mas na verdade eles fizeram diferença em minha vida. O jeito simples de viver do povo cingalês me ensinou mais que qualquer Escola bíblica ou o mais famoso pregador poderia me ensinar. Por meio deles eu vi o verdadeiro poder da oração, o que é realmente servir e o tesouro da gratidão por tudo. Foi fascinante ver Índia pela primeira vez, com apenas alguns dias antes de voltar para casa, eu me senti abençoada por Deus ter concretizado meu sonho de ver a Índia mesmo que fosse por um tempo curto. O navio abriu as portas ao público e logo uma fila enorme de indianos pacientemente esperavam para embarcar no navio. Um dia desci para o convés para me comunicar com o povo local e derrepente do nada apareceram várias crianças de olhos arregalados ao meu redor esperando que eu cantasse, dançasse e conversasse com elas. Senti-me uma celebridade. Havia uma doce jovenzinha de quatorze anos. Ela se assentou perto de mim e num momento de silêncio ela me contou das suas esperanças e sonhos de viajar pelo mundo. Assim que ela saiu, me fez prometer que não me esqueceria dela e certamente eu não iria.

O tempo dentro Logos Hope certamente mudou minha vida. A última noite foi difícil dizer adeus aos queridos amigos que aprendi a amar profundamente. As memórias que partilhamos estarão sempre em meu coração. O estranho sobre a felicidade é que ela é mais bem adquirida quando você está ocupada tentando ajudar os outros a encontrá-la.

Orando

Orai sem cessar.
1 Tessalonicenses 5:17

Se a vida fosse um bolo, oração seria o fermento, sem a qual tudo ficaria murcho. Quando eu era criança minha vida de oração era restrita à lista de compras na hora de dormir. Mas quando eu fiz quinze anos eu comecei a me aproximar de Deus, foi a idade em que passei a crer em Deus por mim mesma, não apenas porque minha família acreditava. Eu me lembro claramente a noite em que Deus me mostrou como eu era egoísta e que Ele queria que eu pensasse nas outras pessoas e não apenas em meus desejos egoístas.

Eu comecei orando pelos amigos e familiares em vez de apenas orar para conseguir coisas que eu queria. Foi um momento de conversão em minha vida. Como é incrível quando Deus lhe dá uma resposta à sua oração. Eu vi isto de maneira especial quando orei para que uma pessoa fosse comigo em minha viagem missionária. Durante todo o preparativo da viagem, eu pedia a Deus par colocar a pessoa certa no assento ao meu lado no avião. Então uma semana antes de eu embarcar outra neozelandesa se inscreveu para ir no navio. O melhor que pedi era que fosse pelo menos um estranho agradável sentado ao meu lado para cada etapa da viagem, mas Deus respondeu com uma companhia com o mesmo destino, idade e coração como o meu. Encontramo-nos no aeroporto de Auckland antes do voo e eu estava encantada por descobrir que eu conhecia os primos dela. Sarah tinha uma grande personalidade e pelo tempo que passamos sentadas no assento do avião, refeições e esperas sem fim em aeroportos estrangeiros nos sentimos como se já nos conhecêssemos há anos. Ele se tornou uma querida e maravilhosa amiga minha e ainda mantemos contato. Após tudo isto, quem mais se lembraria do cheiro de Sri Lanka, limpeza de banheiro do navio ou encontro de orações tarde da noite no convés do navio. Outra coisa que Deus me desafiou a fazer foi orar pela pessoa com a qual um dia eu me casaria. Você já pensou em orar pelo seu futuro esposo? Não quero dizer estar totalmente preocupada, sonhando e orando o tempo todo por ele. Mas orar que, se for a vontade de Deus que você se case que Deus proteja e cuide do seu futuro marido. Você nunca sabe quando ele vai precisar de oração. Ore por sabedoria nos relacionamentos que Deus revelará a você quem é o homem segundo Seu coração. Ore para que Deus lhe conduza à pessoa certa. Também pergunte a Deus o que Ele que lhe ensinar agora neste período em que está solteira. Deus não é um Deus assustador, Ele é amoroso, apaixonado, cuidador que é lento para ira e profundamente apaixonado por você! Você não tem que ser uma pessoa que faz lindas orações, também não necessita de longas orações. Ele apenas quer que você fale com Ele como se fossem bons amigos, apenas converse naturalmente com palavras normais. Não precisa ser sofisticado ou usar palavras difíceis, faça pequenas orações diretas naquilo que é essencial para sua vida e a oração pode ser como um pedaço de bolo.

Rachel Hamilton

Dor preciosa

Os sacrifícios para Deus são o espírito quebrantado; a um coração quebrantado e contrito não desprezarás, ó Deus.
Salmo 51:17

Minha avó às vezes aparece com uns presentes estranhos. É interessante porque você nunca sabe se o natal lhe trará algo extremamente excitante ou muito estranho (como o dia que Papai ganhou um coçador de costas de plástico e dois sacos com feijões secos. Minha mãe não ficou muito contente no ano que ela ganhou um kit de móveis de bonecas, mas eu achei legal. Cada pequena cômoda ou cadeira vinha pré perfurada numa folha plana de madeira balsa. Tudo que você tinha que fazer era quebrar as peças e colá-las juntas, então, derrepente você tinha uma pequena mesa. Deus fez minha adolescência como esta pequena mesa. Ele me quebrou em partes e me reconstituiu. Se a madeira balsa tivesse sentimento eu imagino que não desfrutaria do processo necessário de soco e quebras e como eu, perderia por um tempo toda a alegria de viver. Depressão e pensamentos suicidas pesaram sobre mim. O diabo estava tentando me matar, fazer-me acreditar que eu era desprezível e sem valor e Deus não se adiantava e o fazia parar. Tudo parecia cair em cima de mim. Por que Deus estava permitindo eu passar por tanta dor?

Perdi minhas amizades. Os sonhos que eu tinha para minha vida pareciam destruídos e com freqüência eu me sentia abandonada à noite. Parecia que assim que eu que conseguia lidar com um algo difícil Deus me dava outra provação para eu lutar. Eu fiquei na dúvida sobre estudar ou fazer trabalho voluntário em um campo local para crianças enquanto eu lidava com esta dor emocional. Minhas notas começaram a cair e frequentemente eu terminava clamando para Deus no banheiro na hora do almoço. "Eu não consigo suportar mais isto". Eu não sou daquelas que falam de dificuldades, normalmente eu varro para debaixo do tapete. Eu coloco um sorriso falso para evitar ter que explicar às pessoas a dor que estou sofrendo. Eu penso "Eles não compreendem". Então eu escondo o sentimento, tento agir como se fosse uma pessoa forte, mas na verdade estou morrendo por dentro.

Ninguém sabia da extensão de minhas dificuldades, nem mesmo minha família. A pior parte era "O terror". Eu tinha dezesseis anos a primeira vez que aconteceu, a presença do diabo em meu quarto comigo. Quase toda noite eu era atacada por terríveis pesadelos e oprimida por uma força invisível, mas real, que me colocava para baixo em minha cama e sentia minha vida arrancada de mim. Algo queria me pegar, me matar, me destruir. Gritar pelo nome de Jesus era a única coisa que me livrava destas noites tenebrosas em que eu me sentia louca, eu duvidava que alguém pudesse entender o que eu estava passando, pessoas pensariam que eu estava ficando louca e iam querer me internar. Eu me desliguei do mundo, fiquei sozinha e a cada manhã eu me levantava física e emocionalmente cansada pelas batalhas noturnas. Eu fingia que tudo estava bem para aqueles ao meu redor, ainda que algo estivesse terrivelmente errado. Eu absorvia tudo e não podia lidar com isto até que um dia eu peguei uma faca e coloquei no meu braço, eu só queria cortar a dor de dentro de mim e colocá-la para fora e poder me aliviar. Eu pressionei a lâmina em meu braço, mas algo me impediu. Eu senti bem, tão bem em um modo perigoso. Então eu parei e nunca mais tentei me cortar. Eu caí em profunda depressão, eu odiava a mim mesma por sentir-me deprimida, eu desejava ser normal como todos ao meu redor, feliz e sem preocupação, mas não era assim, estava fechada em minha prisão.

Eu comecei a lutar contra pensamentos suicidas e odiava a mim mesma mais ainda. Aqui eu era a boa cristã vindo de uma família cristã admirável, com pais adoráveis e ainda assim eu queria tirar a minha vida. Que tipo de pessoa doente eu era? Eu guardava muito medo, culpa, vergonha dentro de mim. Eu odiava quem eu era e desesperada queria ser outra pessoa, alguém diferente, alguém a qual Deus pudesse se orgulhar porque como ele poderia ser orgulhoso de mim, uma pessoa quebrada e sem utilidade. Eu pensei que meu sofrimento não fosse importante porque eu sabia de muitas pessoas que passaram por situações piores e eu odiava o sofrimento e também minhas emoções. Mas, como Pai amoroso que ele é, Deus me ajudou a ver o quão orgulhoso de mim ele estava, ele não achava que eu estava falhando pelo fato de lutar, ele me viu como alguém valente. Ele me mostrou que meus sofrimentos importam para ele e que não tenho que ser forte sempre. Não tenho que fazer isto sozinha.

Quando comecei a me sentir recuperada, o bullying começou. Quem me perseguia era uma amiga de infância da qual eu gostava muito, e ainda não entendi porque ela se revoltou contra mim. Ela passou de amiga a inimiga derrepente com palavras de ódio que me fizeram sair para onde pudesse ficar sozinha, colocar minha cabeça no chão e gritar em profunda agonia. Isto foi apenas o começo uma vez que os textos de perseguição começaram a me rodear com frequentes mensagens horríveis que vinha dia após dia por muito tempo. Eu imaginava se aquilo teria um fim. Eu tentei ser a melhor amiga que eu pude, mas não foi suficiente e eu me tornei muito deprimida e me retirei da vida e as pessoas começaram a estranhar minha atitude de silêncio. Ninguém sabia que eu queria por fim à minha vida e isto parecia que até Jesus esperava que eu fosse forte sozinha. Finalmente eu disse a Deus "Chega!" Eu não consigo levar isto adiante, mude minha vida ou eu não quero seguir assim e Deus em sua misericórdia respondeu meu clamor com uma viagem missionária. Isto me tirou do meu egoísmo e trouxe-me uma nova alegria e esperança em minha vida. Eu não gostaria de passar por tudo isto em minha vida novamente, mas da mesma forma a madeira balsa tomou uma nova dimensão e utilidade uma vez que fui restaurada, então eu sinto que tenho conforto e experiências para oferecer a outros porque ao longo destes anos difíceis Deus me permitiu lutar. Certamente eu não era ignorante em

Batalhas Ocultas

questões de batalhas espirituais quando me deparei em Sri Lanka e já tinha servido um orador em uma luta contra o mal e sabia do poder do nome de Jesus Cristo. A bíblia diz que Deus educa seus filhos e ninguém gosta do processo, mas depois regozija do fruto da paz e da justiça. O fogo refinado da tristeza e sofrimento uma vez que é desconfortável ele tem também o poder de desenvolver uma nova dimensão em nossas vidas se nós nos apegamos a Deus então se torna uma dor preciosa.

Rachel Hamilton

Suicídio.

❦

*"Porque eu bem sei os pensamentos que tenho a
vosso respeito, diz o SENHOR;
pensamentos de paz, e não de mal,
para vos dar o fim que esperais".*
Jeremias 29:11

A fase da adolescência é uma fase de mares turbulentos e é quando você tem que subir à tona e as ondas estão batendo no peito, amigos caem e o mundo se escurece novamente. Pode alguma coisa afetar você mais do que uma amiga íntima cometer suicídio? Ainda que eu soubesse que ela queria tirar sua vida, isto assusta quando você descobre que finalmente aconteceu. Eu tentei com todas as forças estar com ela, mas sinto que falhei com ela. Como Deus permite que isto aconteça? Eu poderia ter feito algo mais para que isto não acontecesse? A dor era intensa e o sentimento de culpa era real. Eu não conseguia ver como Deus poderia tirar algo de bom desta situação. Estava tão triste que parecia impossível sorrir novamente. Com o tempo a tristeza foi diminuindo e embora a perda de minha amiga ainda fosse grande eu aprendi a dar valor a coisas importantes que ela me ensinou. Eu queria alcançar os que estão quebrados, partilhar minha história com os que sofrem e espalhar a mensagem que todo mundo é amado e tem sua importância. Eu sei que algumas experiências lhe marcam para sempre, mas Deus pode converter algo horrível em algo lindo que abençoa a outros. Ele me retirou das cinzas e me devolveu a alegria. Ele me convenceu que nunca me deixará ou me desamparará. Deus quer abençoar vocês e tem um plano especial para nossas vidas.

Quando minha família e eu visitamos os EUA nós fomos trabalhar por uma semana em um local para pessoas que foram abusadas ou lutam contra algum tipo de vício. Fomos por poucos dias ajudar. Enquanto trabalhávamos e conversávamos com as pessoas no horário do almoço eu comecei a ver o quão forte estas pessoas eram realmente. Alguns tinham cometidos sérios erros, mas eles estavam dispostos a admitir e dizer "Eu não posso mudar minha vida por mim mesmo, eu pequei e quero mudar. Eu preciso da ajuda de Deus." É preciso muita coragem para admitir que você é fraco e que não consegue sair por si mesmo. Eu os admiro. Desde que comecei meu ministério online para pessoas suicidas, deprimidas e feridas eu tenho encontrado muita gente corajosa. Eles suportam muitas coisas e frequentemente se sentem perdedores porque sentem muita dor. Mas, a verdade é que é preciso coragem para percorrer esta estrada de sofrimento não desistir. Deus tem um plano para sua miséria e dificuldade. Ele não Deus que ama sem ver o nosso sofrimento. Não! Ele quer curar você, usá-lo de maneira incrível. Ele vê suas fraquezas, mas também vê seu futuro e diz que não pecado maior que o perdão.

Ele não te ama menos porque você peca mais do que aquela garota ali. NÃO! Ele diz "Eu posso ver antes de seu pecado, a pessoa que eu fiz e tenho esperança e um futuro para você." Seu valor não se baseia em algo que você tenha feito e não é menor por qualquer coisa que alguém tenha feito a você. Ouse acreditar que você é amado e uma jóia preciosa aos olhos de Deus. Às vezes eu grito "Por que Deus me está deixando ir por este caminho e eu esqueço que existem coisas que está bloqueando e dizendo, "Não, eu não deixarei Rachel ir por ali." Eu esqueço que Deus está me protegendo de coisas que nem eu mesmo sabia. Do mesmo jeito que ele cuida de mim, assim também Deus cuida de você e onde pisa, e está cuidando de você mesmo que se sinta como se não estivesse e tem te ajudado muito. Ser forte é mais do que força física apenas. Você pode não ser capaz de mover um músculo do seu corpo e ainda assim ser o homem mais forte do mundo. A força interior é algo que podemos ter se for pelo sofrimento e momentos difíceis de nossas vidas. Força física é visível, a força interior é normalmente escondida, mas as duas são desenvolvidas por meio de treino e paciência. Não é surpresa que seja difícil adquirir força física e emocional, assim como tudo que tem real valor não vem tão facilmente. Todos nós em um momento pensamos que, se Deus nos amasse, não deixaria que nós sofrêssemos e não precisaria apressar em realizar os desejos do nosso coração. Afinal, ele tem o poder de fazer tudo, então por que precisamos passar por momentos difíceis? Mas, é a ostra que tem um grão irritante dentro que produz a mais bela pérola. Uma verdadeira e profunda confiança em Deus pode ser fruto de momentos difíceis, esperas, lágrimas e dificuldades se nos entregamos os sofrimentos a Jesus. Ajuda ver os problemas como um treinamento e uma chance de começar a ajuntar tesouros no céu. E mesmo que não sinta com frequência, Jesus está logo ali do seu lado, segurando sua mão e ajudando-lhe a superar. Suicídio NUNCA é a resposta.

Rachel Hamilton

Jogo de espera.

*Espera no Senhor, anima-te, e ele fortalecerá o
teu coração; espera, pois no SENHOR.
Salmo 27:14*

Era uma vez em uma terra distante, havia um
fabricante de tapete. Ele fazia os mais belos tapetes
em todo reino. Ele tinha duas lindas filhas e ele sabia que as duas garotas, secretamente desejavam ter
seu próprio tapete. Então um dia ele chamou suas
filhas e disse: "Eu sei que cada uma deseja ter um
tapete. Eu farei para cada uma o mais belo tapete."
Como pode imaginar as garotas não conseguiam
dormir à noite esperando que o pai lhes terminasse
os tapetes. Um dia as garotas estavam levando café
para seu pai que a mãe havia preparado para ele.
A mais velha chegou primeiro que a mais nova e
viu a beirada do mais belo tapete saindo por baixo
da porta que dava para a sala. Derrepente ela sabia

que não podia esperar um minuto a mais, porque o tapete era para ela. Ela correu até a porta e agarrou a borda do tapete e puxou.

Ainda que eu soubesse que não estava pronto ela o queria antes do tempo. Após muito puxar ela soltou o tapete. Era ainda mais lindo do que ela imaginava. Ela não percebeu o estrago e o pequeno rasgo que foi feito pelo fato de tê-lo puxado por debaixo da porta. Ela foi para casa radiando de alegria. A filha mais jovem também sabia que o pai tinha um tapete para ela e se questionava porque estava demorando tanto para terminá-lo. Ela foi até a tapeçaria e viu a beirada de um tapete saindo por debaixo da porta, tal e qual sua irmã havia visto. Ela não podia se conter, e se questionou se talvez não fosse melhor pegar o tapete em vez de esperar por ele, uma vez que estava demorando muito. Ela decidiu confiar no pai e esperar ainda que fosse difícil. Finalmente chegou o dia em que seu tapete ficou pronto. Ela foi até a tapeçaria e a porta estava aberta e seu lindo tapete estava sobre uma cadeira. A espera foi longa, mas valeu à pena. O tapete foi feito com cores brilhantes, tinha muitos detalhes e praticamente perfeito sem nenhum rasgo. Muitos anos após a morte do tapeceiro as filhas ainda possuíam seus tapetes. A mais velha colocou seu tapete na cozinha onde ela gostava de admirá-lo, mas não de todo coração. O tapete da filha mais jovem foi colocado delicadamente na melhor parte da casa. Ela cuidava dele e amava de todo coração. A espera pode ser difícil, mas vale à pena.

Quando eu tinha dezessete anos, os rapazes me assustavam e eu estava muito mais interessada nos estudos do que em rapazes. Mas, aos dezenove anos as coisas mudaram e eu disse a Deus "Estou pronta para a próxima fase da minha vida". Estava ansiosa para ver o tapete que ele tinha para mim! Eu puxei meu tapete por baixo da porta à noite por meio da minha oração inicial, mas a respostas foi um firme, porém amável "Ainda não!" "Ok Deus!"

Então eu conheci um rapaz do qual eu realmente gostei e queria que ele fosse o escolhido. Eu esperei que um dia ele notasse. "Se ele gostar de mim então tudo será perfeito" eu pensei. Mas uma voz pequena e silenciosa no fundo de minha mente seguia dizendo. "Ele não é o escolhido, você ainda não encontrou a pessoa com a qual se casará". Como relutei pensando que havia entendido errado. Mas Deus seguiu me cutucando "Deixe-o, deixe-o seguir". Pouco a pouco me rendi a Deus. Não era fácil e levou tempo, mas eu fiz.

Então conflitos após conflitos o rapaz se mostrou interessado em mim. Era meu sonho se tornando realidade, mas eu não me sentia no direito. A alegria que pensei estar sentindo não estava ali. Meus olhos se abriram e eu estava tão agradecida que Deus houvesse dito não sobre aquele rapaz. Eu tenho aprendido que quando Deus diz espera ou não, é melhor obedecer. Muitas de minhas amigas estão namorando sério ou se casando e estaria mentindo se dissesse que não me importava, porque eu sim, me importava. Eu quero ter alguém especial também. Eu admito que às vezes sinto vontade de desistir e buscar uma segunda opção. Seria mais fácil me envolver com alguém que tenha mostrado interesse em mim. Eles eram rapazes cristãos e de bom coração, mas não a pessoa certa para mim. Se eu ignorasse o Não de Deus eu estaria em sérios problemas, não apenas puxando o tapete por debaixo da porta prematuramente, eu estaria puxando o tapete de outro alguém e passaríamos o resto de nossas vidas tentando misturar água e óleo. Gostaria de dizer que sou uma santa e que nunca lutei contra a vontade de Deus, mas a verdade que luto a cada dia, especialmente com a tal espera. Por que esta coisa de esperar é tão difícil? Queremos seguir adiante, acelerar o relógio e pular para o futuro em vez de curtir o presente. Às vezes eu reclamo com Deus que é simplesmente "muito difícil". E ele sempre me diz a mesma coisa para "esperar um pouco mais, que valerá a pena". E eu tenho que dizer, quanto mais velha eu fico, mais fácil parece ser aguentar a espera. Alguns anos atrás se você dissesse que eu estaria feliz em estar solteira com vinte e um anos eu não acreditaria. Talvez aceitaria o fato de estar solteira, mas feliz, poderia uma pessoa solteira ser verdadeiramente feliz? E ainda assim, eu estou, muito feliz com minha vida e eu sou muito agradecida por Deus não ter trazido alguém à minha vida ainda. Estes últimos anos têm sido os melhores e piores momentos de minha vida. Eles têm sido anos essenciais para que eu conheça a mim mesma e aprenda a confiar em Deus. Eu posso até mesmo dizer que estes anos dolorosos e turbulentos têm sido os anos mais frutíferos da minha vida. Quando eu tinha dezesseis anos eu não sabia como jovens de vinte anos podiam lidar com a vida de solteiro, mas agora que estou nesta fase é bem mais fácil do que quando eu era adolescente. Naquela época eu queria alguém para completar minha identidade e eu não sabia até então que era momento de eu descobrir quem eu era. Deus me protegeu de um relacionamento prematuro, pois isto teria atrofiado o meu conhecimento de mim mesma. Eu ainda estou esperando pelo meu tapete. Eu nem mesmo vejo a ponta dele despontando sob a porta. Eu tenho lutado com impaciência como a filha mais velha, mas agora eu contente em esperar e acreditar no tempo perfeito do meu pai celestial como a filha mais jovem e darei valor ao meu tapete quanto mais eu espero.

Esperando pelo melhor de Deus.

Eu esperarei pelo melhor, e nunca desistirei. Eu esperarei até Deus dizer sim, então eu correrei de braços bem abertos. Eu nunca desistirei da vontade perfeita de Deus. Não importa quantos anos leve, eu permanecerei firme. Manter a promessa de que Deus tem o melhor para mim. Deus e eu juntos, nunca separados, quando desejar amor eu sei que Deus estará logo ali, perto de mim. Deus está abraçando meu coração em momentos de plantio. É loucura dizer, mas esperar é bom, então esperarei até encontrá-lo um dia, e você saberá que guardei o melhor de mim para você.

As teias diabólicas da mentira.

...para que não sejamos vencidos por Satanás; porque não ignoramos os seus ardis.
2 Coríntios 2:11

"É estranho você ter vinte e um anos e ainda não ter dito a um rapaz que você gosta dele" uma voz desagradável sussurrou em meu ouvido. "Você é muito lerda, olhe lá um rapaz que vai te querer. Apresse antes que seja tarde". A voz tinha um convencimento terrível, mas então a voz do diabo sempre soará horrivelmente plausível se fala em nossa mente ou sai dos lábios de amigos ou de algum familiar. A fala mais dolorosa que eu recebi de um lábio humano foi uma vez que me disseram que eu terminaria amarga e sem ninguém, porque eu não estava promovendo a mim mesma. Eu GOSTARIA de poder fazer um marketing de mim mesma. SINTO como

Batalhas Ocultas

se Deus fosse lento e eu estivesse sempre queren-
do ter controle e escrever minha própria história!
É difícil resistir em coisas como controlar você
mesma e o diabo está sempre no encalço pression-
ando para que eu seja impaciente com suas muitas
mentiras. Ele não está me apressando para coisas
ruins, apenas que eu desobedeça a Deus. Eu queria
destampar suas mentiras e descobrir o que ele está
dizendo a outros, por isso perguntei a muitas pessoas pela internet. "Quais são suas maiores lutas,
quais as mentiras que o diabo vem dizendo a você
frequentemente? Aqui estão algumas das respostas
que recebi.

◊　*"Estar solteiro significa não ser desejada, nem amada".*
- Coração de uma garota –

◊　*"Todo mundo é imoral e a sociedade aceita isto". – Annie
Trochez*

◊　*"Você está perdendo algo bom". - Juliee*

◊　*"Seja como todos, curta os prazeres da carne porque não
existem bons rapazes lá fora, ninguém está se esforçando em ser
bom". Jess Lacy*

◊　*"Você não é boa o suficiente, nenhum homem vai querer
ficar com você por quem você é". Erika Paloma Lopez –*

◊　*"Você devia também coabitar com alguém antes de casar,
você estará casada de certa forma e você já estará comprometida
com outra pessoa". - David Donegan –*

◊　*"Aquele CARA nunca chegará, e você vai acabar sozinha".
– Cheri Joyner –*

Rachel Hamilton

◊   *Eu encontro mentiras por meio de amigos que afirmam "Eu não sou ninguém sem um namorado, Eu não posso ser feliz solteira e é hora de procurar por um homem. – Raelynn Russel -*

◊   *"Eu não sou linda o suficiente. Encontros e desencontros são fases normais da vida". Carolyn Krolick –*

◊   *"Por que perder tempo em coisas que nunca vão se realizar, você tem tentado e falhado, por que não relaxa, existe uma maneira mais fácil". – Shiku Simon Tobe –*

◊   *"Você não é bom o suficiente, você nunca será o suficiente para Deus ou para qualquer um". Gabrielle Kinnish –*

◊   *"Eu preciso procurar por um marido para me sentir completa, sentir amada", - Lisanne Slotman*

◊   *"Você não é capaz de atrair o sexo oposto". Patience Sibanda*

◊   *"Você não é perdoado, nunca será diferente ou valioso aos olhos dos poderosos homens". Brandy Reed –*

◊   *"Você está sozinha". – Jennifer Passet*

◊   *"Você tem desperdiçada sua vida, então não tem valor". - Carolina Mukami*

◊   *"Deus se esqueceu de você e isto não justo". -Tiffany Langford*

É fácil ver como o diabo tem estado ocupado com todos, não apenas comigo. O primeiro passo para resistir às suas mentiras é ter a consciência que não somos os únicos que lutam com o sentimento de solidão. Desencorajamento e desesperança, sentimento de não se sentir atrativa e fora de sintonia com o mundo é comum a muitas pessoas hoje em dia. Isto me ajuda a entender que eu não sou a única que luta contra essas mentiras. Da próxima vez que ele disser a mim que é um absurdo para uma garota de vinte e um anos nunca ter tido um rapaz, eu gritarei bem alto "Cala-te Satanás!"

Rachel Hamilton

Aprender a amar a si mesmo.

Tu és toda formosa, meu amor, e em ti não há mancha. Cântico dos Cânticos 4:7

Eu olhei para a menina no espelho, como eu a odiava, por que eu a odeio tanto? O que ela fez para mim? Por que não poderia amá-la do jeito que Deus a fez? Autovalorização é um grande assunto, comum a muitas garotas. Eu pareço mais jovem que a maioria de minhas colegas e durante minha juventude eu odiava isto. Minha mãe sempre dizia que aparentar mais jovem tem suas vantagens quando você crescer, mas quando se tem quinze anos e as senhoras lhe perguntam se já fez dez anos, não é um argumento convincente. Quem quer ficar com crianças fazendo competições de desenhos coloridos na biblioteca, enquanto suas amigas se misturam com os adultos? Eu cresci por dentro, mas fisicamente meu crescimento foi lento. Na idade em que você mais quer se parecer mais velha, mais madura do você realmente é, eu era visto como uma criança. Eu costumava me olhar atentamente no espelho cada dia, seria meu cabelo, minhas roupas ou o rosto gorducho de criança que me fazia parecer tão jovem. "O rosto rechonchudo", sim, com certeza "eu decidi".

Eu comecei a me exercitar para tentar perder peso e talvez, apenas talvez eu parecesse mais velha, então eu poderia parecer linda e os rapazes da minha idade poderiam me notar em vez de pensar que eu era apenas uma pestinha da escola primária. Isto foi desespenrançoso, nunca consegui perder peso e olhando para trás eu sou grata por não ter sido possível, uma vez que não era obesa e poderia ter tido problema de desordem alimentar. Então os anos vieram, dezesseis, dezessete, dezoito, dezenove, vinte, ainda as mesmas palavras me rodeavam, "De jeito nenhum, você parece ser tão jovem; pensei que tivesse a metade da sua idade!" Mais terrível ainda foi o tempo em que as pessoas me confundiam com um garoto e minha autoestima foise completamente no dia em que me chamaram de "isto".

"É muito triste ouvir dizer se ISTO é um garoto ou garota", as palavras me atingiram por meses. Eu era uma aberração da natureza? Deus devia ter se enganado quando me fez. O diabo me inundou de mentiras após mentiras. "Quem vai achar você linda?" "Quem vai querer andar ao lado de uma aberração como você Rachel?", "Você nunca se casará." "Nem se atreva a olhar-se no espelho, você vai odiar o que vai ver." Mentiras e mais mentiras invadiram minha mente. O plano de Deus para mim ou você não é para ter uma imagem miserável si mesma. Ele quer que nós saibamos que somos feitos à Sua imagem. Ele nunca se equivoca e não faz nenhum de nós de tolo.

Eu pensei que se os rapazes não se interessavam por mim, devia ser porque eu era feia, que não era tão bonita como as outras garotas que recebiam toda a atenção dos homens.

Levou muito tempo para eu ver que se eu julgasse meu valor pelo modo como os outros me vêem, eu seria sempre insegura. Deus me via linda aos Seus olhos porque ele me fez perfeita como eu sou, eu precisava deixar esta verdade cair bem fundo de minha alma e apreciar a mim mesma pela perspectiva de Deus. Você é linda, não importa qual a mentira que o espelho vá lhe contar, não importa o que as pessoas têm dito. Você tem um valor incrível porque você é única por si mesma. Não se pegue comparando você mesma de maneira negativa por causa de terceiros. O rosto e corpo perfeito são modismos. Se você não se considera linda agora, dê uma olhada sobre as belezas internacionais do século passado. Cada rosto e tipo físico que existiam em alguns países.

Beleza física rapidamente se vai, quem você é realmente permanece para sempre. Eu conheço algumas senhoras que irradiam um brilho atrativo especial. Possuem um espírito tão generoso que você quer ficar ao lado delas, aquele tipo de beleza que nunca sai de moda. Nós podemos desenvolver esta beleza interior se gritarmos por Deus. O diabo adora criar padrões de fachadas para nós compararmos nós mesmas e nos sentirmos inferiores. É um jogo muito nojento, porém eficaz que temos jogado desde o início dos tempos. É claro que ele dá às peras uma aparência de uvas, e diz às peras, que são desengonçadas e com sabor insípido seco, que elas são grandes e delicadas como as uvas. É tudo feito para destruir você e se você compra estas mentiras diabólicas elas também poderão destruí-la. Deus, contudo, ama você e que lhe trazer para um lugar de liberdade onde você é aceita pelo que você é, inclusive com suas qualidades e com seus defeitos. A escolha é sua, qual voz você vai escutar. Você vai cooperar com o jogo nojento do diabo ou aceitar a definição de Deus que você é linda, única e criada individualmente a Sua imagem e semelhança!

Rachel Hamilton

Seu Eu interior.

Mas agora, assim diz o SENHOR que te criou,
ó Jacó, e que te formou, ó Israel: Não temas,
porque eu te remi; chamei-te pelo teu nome, tu és
meu."Isaías 43:1

Debbie sentou-se em sua cama e olhou descontente para seu diário, "mais um dia e nada para anotar além das coisas costumeiras". Eu serei "alguém", como as garotas populares da escolar, ela pensou? Certamente eu seria uma pessoa útil se tivesse um emprego, um namorado, milhões de seguidores no Twitter, milhares de amigos no Facebook. Eu preciso de algo mais em minha vida para que eu possa ser "Alguém".

Todos nós almejamos ser alguém e ser considerado uma pessoa útil. É um engano, contudo, pensar como Debbie, que importância é definida pelo o que você tem, o que faz ou em quem nós nos penduramos como se fosse uma bolsa. Eu conheci um rapaz enquanto viajava para o exterior. Ele era um jovem muito santo e sábio, diferente de todos os jovens que conheci. Ele realmente me atraiu e me fez sentir valiosa. Mas, como das outras vezes, Deus disse não e completou "só porque ele é um incrível homem de Deus não significa que ele é o melhor para você". Não é pelo fato de ter qualidades de um bom marido, que ele se casará com você. "Encontre sua importância em mim e não nas pessoas". Se como eu você encontrar um homem incrível e as coisas não saírem como você esperou, não pense que você não merece um santo homem. Lembre-se que, do mesmo modo que existem várias maçãs no mundo, assim também existem muitos homens. Se aquele que você se apaixonou não for o homem que Deus planejou para sua vida, será bem melhor você esperar pelo tempo certo e deixar nas mãos de Deus. Você merece o que Deus tem de melhor para você, mas nem sempre coincide com sua concepção de melhor. É sábio deixar com alguém que realmente entende do assunto. Existem algumas maçãs que parecem ser bem vermelhas e suculenta, de belo aspecto exterior. Até você chegar mais perto e perceber que há algumas partes podres. Mesmo no meio de boas maçãs haverá diferença no sabor entre elas. Algumas são doces, outras são azedas e amargas. Algumas pessoas preferem as variedades doces e outras as azedas. Se você escolhe uma maçã que apodrece ou que não lhe agrada o sabor, não tem muita importância, mas se você escolhe o homem errado, isto fará sua vida desconfortável, pensando positivamente ou pode devastar sua vida. Ainda bem que Deus não tem preferência por pessoas ou filhos favoritos. Deus lhe ama pelo que você é. Seu amor não é com base no que você faz ou quanto você tem. Ele vê as coisas boas e más que guardamos dentro de nós e não há nada que você tenha feito que fará com que Deus lhe ame menos. Você é muito mais que seu passado de pecados. Você é uma filha amada e querida por Deus. Suas cicatrizes não definem você, tampouco Deus quer você se defina pelos pecados que cometeu. Ele quer lhe dar liberdade e um novo começo. Ele é Deus da segunda chance, ele pode transformá-la na mulher valiosa que ele deseja. Assim como esperamos pela escolha perfeita de Deus para nossas vidas não esqueçamos que alguns homens também estão jogando este jogo de paciência. Precisamos nos focar em ser a mulher valiosa que ele espera. E somente a mulher que ele tem esperado. Ela é a única que compreende que o coração masculino é tão quebrável quanto o dela, e trata com respeito o coração de cada homem que ela conhece. Ela tem dado seu tudo para Cristo, Ele é seu primeiro amor e ela fará tudo que Ele lhe pedir. Ela sabe que ela é em Cristo e não precisa de um homem para dizer-lhe que ela tem valor. Ela respeita a si mesma e aqueles à sua volta vestindo-se com prudência. Ela sabe sua fraqueza e olha para Deus para dar-lhe força. Ela está mais interessada em desenvolver suas habilidades de modo que possa ajudar seu futuro marido do que sonhar com um homem que consertará todos seus problemas. Ela sabe que um homem verdadeiro não é uma fortaleza. Ela é muito mais do que uma pessoa com hobbies e sonhos. Ela tem abraçado sua solteirice e está feliz com o lugar que Deus a colocou. Ela não tem medo de seguir adiante. Ela não precisa de coisas deste mundo para lhe satisfazer, porque ela confia em Deus para preenchê-la completamente. Ela não precisa que um homem a defina. Ela pode viver sem ele, mas ela escolhe não viver. Esta é uma mulher valiosa esperando pela pessoa de valor.

Ouse ser diferente.

E não vos conformeis a este mundo, mas transformai-vos pela renovação da vossa mente, para que experimenteis qual seja a boa, agradável, e perfeita vontade de Deus.
Romanos 12:2

Quando eu era mais jovem era muito importante para eu receber a aprovação das pessoas. Eu não era como as outras. E queria estar bem enquadrada e ser normal. Eu desejava ser aceita. Eu pensava que se as pessoas gostassem de mim, então eu seria completa, mas sempre sentia vazia. Eu buscava por algo que amigos e familiares não podiam me dar. Bem no fundo eu buscava por algo que só Deus pode nos dar, amor incondicional. O amor incondicional de Deus é tão poderoso que quebra as cadeias do egoísmo e nos ensina a viver por algo que vá além de nós mesmos. Quando vivemos por algo maior que nós mesmos, quando damos nosso tudo para Cristo, descobrimos que nos tornamos mais ricos nesta vida. Suportar algo pode ser terrível. Escolher isolar-se do mundo pode ser muito desconfortante, eu tenho sempre sido uma das pessoas que esconde a lamparina debaixo da cama. Jesus disse-me que deveria brilhar do alto da colina. "Quem eu? A garota tímida?" Certamente não quis dizer eu! Eu prefiro muito mais adaptar-me do que mover-me. Derrepente Deus estava me perguntando pessoal-mente "O que você está disposta a fazer?" Estava eu apenas indo com os outros na multidão ou eu diria "Eu faço por você qualquer coisa não importa o preço!" Aos poucos eu comecei a deixar minha imagem, de parar de preocupar o que os outros pen-savam sobre mim.

Eu coloquei mais energia em agradar e per-manecer firme por aquele que me amava o sufici-ente para morrer por mim quando todos os demais desistiram de mim. Eu sempre quis se uma garota extrovertida, aquela que nunca tropeçava nas pala-vras, na vida e o centro da festa. Muitas noites eu chorei em meu travesseiro desejando ser diferente. Eu falhei ao ver como Deus podia me usar, a garota quieta que era chamada A-quietinha da Faculdade. Eu só pude ver mais tarde o quanto Deus poderia me usar para alcançar aqueles que não se encaixavam como eu, para tocar nas vidas de pessoas que, caso contrário, teriam sido negligenciadas. As mesmas coisas que odiava em mim mesma, foram dadas a mim para um propósito especial, eram parte dos planos de Deus para minha vida. Há algo que você odeie em você mesma que você esteja sempre tentando mudar, mas não consegue? Olhe com cuidado. Deus pode ter colocado você de lado para um único propósito. As coisas que você luta podem estar lhe qualificando para uma missão especial.

Eu sempre interagi com pessoas mais jovens que eu. Durante toda minha adolescência eu era muito feliz jogando "Pato-Pato-Ganso" do que juntar-me para conversar com minhas amigas. Muitas vezes lutei com os sentimentos de ser diferente, imatura e boba. Foi assim até eu trabalhar em um orfanato de meninos que vi que Deus tinha me dado um dom de tocar nas vidas das crianças. Eu comecei a abraçar isto como parte de quem eu sou e fui capaz de conectar-me com os garotos de maneira que eu nunca havia antes. Então aprenda a amar as coisas que lhe fazem unicamente você. Nunca despreze algo que você goste de fazer, apenas porque não se encaixa nos parâmetros do que as outras pessoas pensam. Ouse dizer Eu me amo pelo que sou. Ouse ser diferente, ouse ficar separada deste mundo.

Quando seus modelos lhe decepcionam

É melhor refugiar-se no Senhor do que confiar no homem. Salmos 118.8

Tem sido um casamento de conto de fadas, a noiva radiante, o noivo ansioso e o vestido de tirar o fôlego. Mas Sophie não podia fazer nada contra o sentimento de que faltava algo. Talvez porque Alice tinha sido a garota a quem todas invejavam. A modelo na qual todas as garotas se espelhavam. Mas Alice estava ficando velha e não queria ficar solteira, então se decidiu por um noivo belo, porém não-cristão. Sophie estava apavorada, se a pessoa na qual se inspirou, não foi capaz de suportar a espera de Deus, qual esperança haveria para Sophie.

Eu não podia acreditar no que ouvia, não podia ser verdade, a pessoa que eu tanto me espelhei e queria ser como ela, tinha decidido por alguém muito menor do que o escolhido por Deus para sua vida. Ela decidiu desistir da espera em Deus para agir e aceitar um homem pagão. Ela acreditou na mentira de que Deus a havia esquecido? Ela tinha sido aquela que ensinou a todos nós jovens garotas a persistir pelo que é certo, vestir com prudência, esperar em Deus, e agora ela não podia seguir seus próprios ensinamentos. Assim como Sophie eu fiquei pensando como eu poderia seguir em um modelo de vida da qual a pessoa que eu admirava havia desistido. Pessoas vão nos decepcionar, é parte da vida. Em que se baseiam nossos padrões, em Deus ou nas autoridades humanas? Dói muito quando nossos heróis nos decepcionam e nos desapontam. Pode nos tornar inseguros, com medo de fazer os mesmos erros porque pensávamos como aquela pessoa. Pode ser difícil perdoar aqueles que nos decepcionam. Muitas lágrimas eu chorei durante a queda de minha modelo de vida. Sua atitude, contudo me ensinou uma lição valiosa de que nunca sabemos quem está nos olhando como modelo, e o quanto a influenciamos para o bem ou para o mal. Eu duvido que minha heroína soubesse meu nome, mas ela me impactava. Eu quero fazer tudo que posso para viver uma vida que encoraja aqueles que estão a minha volta para alcançar seus maiores objetivos. Eu certamente decepcionarei as pessoas

porque não sou perfeita, mas mesmo nossas imper-
feições podem inspirar a outros se nos rendermos a
Deus. Ser decepcionado por pessoas tem me ensin-
ado a fazer de Jesus meu modelo, ele apenas nunca
me decepcionará uma vez que ele é o melhor modelo e herói que tenho!

Rachel Hamilton

A festa da piedade.

*Em tudo dai graças; porque esta é a vontade
de Deus em Cristo Jesus para convosco.
1tessalonicenses 5:18*

E gostaria de poder dizer que nunca lutei contra autopiedade, mas a verdade que eu a pessoa que mais ofende. Eu sou daquela que tende ver o lado melancólico da vida. O dia que deixei a autopiedade me consumir foi um dia sombrio. Eu não me encaixava, que parecia ser um problema maior do que a tristeza. Eu sentia pena de mim mesma e mergulhava na ideia de que não era atraente para ninguém. Eu nunca pensei que Deus pudesse usar este tempo para me ensinar como alcançar a outros em vez de focar em mim mesma e esperar por alguém fosse amigável a mim. Ele estava tentando me ensinar a centrar-me nos outros, mas estava tão ocupada em minha festa particular de autopiedade.

Então um dia a lâmpada queimou. Deus queria

que eu usasse a dor, tristeza e infelicidade nas quais eu estava me afundando e transformar em algo bom, usar minha experiência para ver as dores das pessoas e alcançá-las. Quando eu parei de olhar para mim mesma, Deus começou a usar-me para tocar as vidas das pessoas. Há algo tão prazeroso em ajudar outras pessoas. Mesmo que seja ensinando a direção para um estranho a encontrar a rua que busca gera um sentimento agradável. Alcançar os outros não significa que nunca tive batalha com autopiedade novamente, mas tem ajudado demais. Claro que chorar e sentir dor nem sempre quer dizer autopiedade, não pense que você nunca mais pode chorar ou ter emoções. Eu já trilhei este caminha e não é nada saudável. Há momentos em que é importante afligir-se e chorar faz parte do processo de cura. O problema é quando ficamos atolados, presos em nossos egoísmo, girando no mesmo lugar como um CD arranhado. Como tudo na vida Deus nos quer em equilíbrio, precisamos ser capazes em distinguir autopiedade e dor real. Se você não tem certeza se o que sente é autopiedade ou não, aqui vai uma dica. Se realmente honesta com você mesma e se pergunte "eu estou gostando um pouco desta miséria e eu quero realmente sair dela?" Eu descobri que autopiedade é um pouco divertida de uma maneira estranha e que isto é bastante perigoso.

Rachel Hamilton

Primeiro Amor.

*Mas buscai primeiro o seu reino e a sua justiça,
e todas estas coisas vos serão acrescentadas.
Mateus 6:33*

Todos já encontramos aqueles brinquedos de crianças jogados pelas casas de quem tem bebê. Aquela bola laranja e azul cheio de buracos, cada um com um formato geométrico projetado para coordenação motora das crianças de forma que tem que colocar os formatos dentro dos respectivos buracos. Frustrada é a criança que insiste em colocar um bloco quadrado dentro do buraco hexagonal. Se tentarmos encaixar um homem no buraco de nossas vidas que pertence a Deus, terminaremos mais frustrados do que a criança persistente. Não importa o quão maravilhoso ou quão santo possa ser o homem, ele nunca será capaz de preencher o espaço que só Deus pode. Foi difícil para eu compreender isto. Quando era mais jovem eu lia isto nos livros, mas eu queria uma pessoa para segurar minha mão, ouvir uma voz dizer que eu era linda, que tinha valor. Eu achava que se um jovem se interessasse por mim, então seria o modo como Deus achou de dizer que me amava. Eu me esqueci que Deus não precisa de nenhum porta-voz. Ele quer que eu O conheça primeiro sem a distração de alguém. Muitas vezes eu gritei frustrada, eu mereço amar como tanto quanto qualquer pessoa? Com o tempo entendi que Deus queria me dar o mais puro e doce amor que havia, se eu o permitisse. Nenhum homem poderia preencher aquele espaço de Deus e não devia esperar por isto.

Quando colocamos os rapazes acima de Deus, colocamos atribuições excepcionais sobre eles. São apenas seres humanos e nunca nos compreenderão completamente como Deus. Eles não foram feitos para nos completar e nem nós a eles. Ainda que complementássemos um ao outro de modo que pudéssemos encorajar um ao outro a fim de agradarmos a Deus em todas as áreas de nossas vidas. No fundo os rapazes são tão inseguros quanto nós, então não crie expectativas ilusórias sobre eles. Se quiser um príncipe verdadeiro, busque a Jesus. Quando colocamos o homem acima de Deus, ele cairá rapidamente e nos decepcionará e sentiremos sempre que estamos perdendo algo. Então se apresse minha querida, coloque Deus em primeiro lugar em sua vida, faça Deus seu número um e ele preencherá aquele vazio em sua vida. Então quando você se casar, será capaz de amar seu marido com um amor doce, não um amor desesperado, mas aquele guardado no Senhor. Como minha mãe diz "maridos são maravilhosos, mas eles seriam deuses terríveis". Você nunca encontrará um homem perfeito do mesmo modo que você jamais será perfeita. Assim também, jamais será totalmente feliz e contente com um homem se primeiro não entregar seu coração a Jesus Cristo que é a perfeição. Ele tem o universo em Suas mãos como uma grande bola. Se você colocar Deus no espaço que pertence a ele, todos os demais blocos se encaixarão em seus devidos lugares.

O meu ou Seu caminho.

Fazer justiça e julgar com retidão é mais aceitável ao Senhor do que oferecer-lhe sacrifício. Provérbios 21:3

"Você se esqueceu de mim, Deus!" Eu gritei. "Não, minha querida: Deus sussurrou, eu a tenho apenas onde eu quero que esteja. Tudo vai dar certo." Eu deitei cercada pelas garotas do meu time, era o segundo dia do acampamento infantil e algo não estava bem. Eu não sabia apontar o que era, mas faltava algo. Os primeiros acampamentos que coordenei tinham sido incríveis, mas desta vez foi diferente. I tinha estudado aquele ano, mas eu consegui achar tempo nos feriados para ser a garota líder. Eu queria fazer a diferença, queria mostrar para alguém que me importava. O que não fazia ideia era que a coisa que estava faltando era o ingrediente mais importante de todos. Deus havia se retirado e era o momento de eu deixar meus padrões antigos e segui-Lo para a próxima fase que Ele tinha reservado para mim. Mas eu não o escutei. Teimosamente foquei naquilo que eu achava ser o mais importante para mim. Não importa quão linda, valiosa e importante possa ser esta coisa, se não for o que Deus quer que você faça agora, você não está vivendo para seu mais alto chamado. Isto foi muito difícil para eu compreender. Então eu me agarrei nas coisas boas, mas não no melhor.

Ainda bem que Deus me amava tanto que me permitiu ficar naquele lugar. Aumentando o nível da dor ele fez com que o acampamento ficasse mais e mais desconfortável até eu entender a mensagem alto e claro. Onde ele queria me levar? Ficar em casa com minha família, lendo a bíblia e aprendendo a escutar a voz de Deus. Isto parecia uma perda de tempo, mas olhando atrás vi que se não tivesse deixado a liderança de acampamento eu ainda estaria liderando crianças em acampamentos e nunca teria ido para esta missão que mudou a minha vida. O bom pode ser inimigo do melhor. Você está apegado a algo bom que suspeita que Deus esteja te pedindo para deixar? Ore cuidadosamente sobre isto porque Deus pode ter algo novo reservado para você.

Algum tempo depois, eu estava pensando em me

tornar estagiária para missões longas de uma ano de duração. Era tudo o que eu queria e ansiava fazer parte dela. Os organizadores ficaram muito interessados que eu me envolvesse e viajar para outros lugares era o que queria. No começo estava realmente muito ansiosa pela oportunidade, mas assim que continuei minhas orações eu tive um mal-estar persistente que me incomodava e como ele só aumentava a cada dia, eu conclui que não era o que Deus havia planejado para mim, então eu desisti e tive paz o que confirmou minha decisão. O que Deus me deu em vez parecia um acordo podre. Ele me deixou entrar em uma situação muito disfuncional por cinco semanas, na qual eu fui abusada física e emocionalmente e até minha autoestima foi ameaçada.

Era esta vontade de Deus para mim? Sim, eu creio que era, e embora eu nunca quisesse que ninguém passasse por este tipo de experiência, eu não negociaria por nada. Eu aprendi muito sobre o lado negro da natureza humana o qual tem me dado dicas e empatias com pessoas em situações difíceis com as quais eu convivo todo dia em meu ministério atual. Assim mesmo foi muito difícil, havia um elemento de paz me envolvendo porque eu era o centro da vontade de Deus e tudo era parte do programa de treinamento de Deus para mim. Às vezes o que Deus lhe chama a fazer pode parecer loucura para outras pessoas, apenas lembre-se que Deus nos tem chamado para coisas extraordinárias e não fique desencorajada quando pessoas ao seu redor zombam, Deus lhe abençoará para segui-Lo e obedecê-Lo mesmo quando parece ser difícil.

Aprendendo a ouvir a voz de Deus

Instruir-te-ei, e ensinar-te-ei o caminho que deves seguir; guiar-te-ei com os meus olhos,
Salmos 32:8

É possível gastar muita energia em um cavalo de balanço. Mas, todo movimento frenético te levará a lugar algum. Com frequência enchemos nossas vidas com ocupações. Acreditamos que se trabalhamos duro podemos ganhar a aprovação de Deus e dos demais à nossa volta. Assim enterramos a nós mesmos naquilo que acreditamos ser importante. Mas, não importa o quão importante seja, quão valioso seja algo, nós nunca encontraremos cumprimento até compreendermos que o amor de Deus não se dobra ao que fazemos. Ele nos ama não importa nossas ações. Isto é difícil para eu escrever porque eu sempre quis me destacar e ser importante. Durante minha vida houve muitas coisas que eu empurrei com minhas próprias forças. Estava tão preocupada em ter uma carreira porque não sabia se me casaria, eu queria um trabalho para sentir segura e protegida. Contudo, um trabalho após o outro caiu no chão e terminou em nada. Eu montei nervosa em meu cavalo de balanço da vida perdendo o ponto que Deus queria que estivesse e também que escutasse o que ele tentava me ensinar. Minha irmã é um grande exemplo disto, pois tenho observado como ela tem colocado a confiança em Deus e não nela mesma. Eu era como Marta que arrumando tudo e tentando ganhar o amor de Deus por meio das ações. Ele se parecia com Maria sentada aos pés do Mestre ouvindo e obedecendo-lhe, não importa o quanto estranho possa parecer. Ela tem me mostrado a verdadeira e lindo significado de confiar em Deus. Às vezes Deus faz o máximo em nossos corações quando menos esperamos, é normalmente acontece quando nos sentimos inúteis então que Deus está trabalhando fundo em nossos corações.

Eu corro aqui e ali tentando deixar tudo pronto, me estressando por ter muito que fazer. Derrepente eu paro, por que estou correndo, por que estou tentando fazer tudo sozinha? Deus me quer descansando Nele, para de fazer tudo com minhas forças mas ao contrário, apoiar-me Nele. Deus me

Batalhas Ocultas

levará, me ajudará a fazer tudo se eu confiar Nele. No fundo e temia não ser boa o suficiente, que se trabalhasse firme e desse 100% de mim, seria um fracasso. Se eu descansar por um momento me enfraqueço e tudo cairá e será minha culpa. Mas, Deus quer que paremos por um instante para nos mostrar que é certo descansar, é certo não fazer tudo de sua vida de uma vez só. Tudo bem ter um quarto bagunçado. Tudo bem tirar um tempo para sim mesma. Se algo cair enquanto você descansa não é um desastre, você fez o seu melhor. Seu melhor será feito, não se queime, confie no Senhor que ele tem tudo sob controle mesmo quando descansamos. Por meio da ociosidade Deus me ensina com alegria, ensina-me a passar por dores intransponíveis e me atraí para mais junto dele. O tempo de silencio é um tesouro, nos aproxima de Deus assim como Ele se aproxima de você. Não fique como eu balançando furiosamente na armadilha de ser Marta em vez de ser Maria. Deus que nos ensinar a parar de trabalhar por nossas próprias forças, parar por um momento e descansar sob o abrigo de suas asas, ver que às vezes é certo não fazer nada, mas escutar a voz do Senhor. Mover-se lentamente como uma lesma a levará mais longe do que balançar freneticamente no cavalo de balanço.

68

Rachel Hamilton

Caminhando por trilhas menos viajadas.

E porque estreita é a porta, e apertado o caminho que leva à vida, e poucos há que a encontrem. Mateus 7:14

Quando eu era criança minha mãe comprava em um local chamado "Lixo e Desordenado". Não, eu não estou brincando, e ele fazia jus ao nome. Cheio de coisas normais como mesas e cadeiras antigas, que você espera encontrar em uma loja de segunda mão e coisas que não espera como um gambá empalhado e uma comadre de cerâmica. Você tinha que passar por cima de carrinhos quebrados e raspadores de sapatos para conseguir adentrar na loja. Para um olho destreinado a loja parecia cheia de material desgastado, mas aos meus olhos atentos de mamãe, estava cheio de tesouros que ela carregava para casa como troféu.

Batalhas Ocultas

Para um observador comum "Lixo e desordenado" pode ser uma perfeita descrição de muitos
de nós. Deus contudo tem um olhar aguçado buscando no meio da bagunça pelo maior dos tesouros,
um coração que esteja desejoso de obedecê-lo não
importa como. Se você possui um coração assim e
está seguindo Jesus de perto, haverá muitas pessoas
que zombarão de você por causa do caminho que
está tomando. O diabo não lhe permitirá caminhar
livremente nesta estrada. Claro que não, ele ficará
no seu encalço mais que nunca, tentando quebrá-lo,
desencorajá-lo sussurrando mentiras em seus ouvi-
dos e você será atacado nas áreas que você é mais
vulnerável.

Mas, não tenha medo, Deus está olhando por
você e sorrindo, dizendo que aí está minha filha,
ela está fazendo um caminho difícil e eu estou muito orgulhoso dela. Dando a Deus as primícias de
sua vida não é sempre divertido, às vezes se sente
como estivesse fazendo o trabalho pesado e lutan-
do com pessoas ao redor, parece ser um cruzeiro
ao longo da vida. Sente-se como se estivesse perdendo a alegria, perdendo a vida. Sentir-se como
se estivesse tentando bastante, mas não chega a
lugar algum. Quando você planta em seu jardim,
você não pode apenas jogar a semente na terra seca
e dura, então esperar colher morangos no dia se-

guinte. Primeiro você cava o solo e quebra todas os torrões, é um trabalho duro e lento. Suas mãos sangram, seus músculos doem em você transpira no sol. É fácil olhar pela cerca do seu vizinho e ver as uvas crescendo vigorosamente, sob o tanque séptico enquanto ele senta na sombra, então imagina o que há de errado com você. Por que está passando por todo este esforço com nada para mostrar para eles. Não importa o quanto trabalhe, nada vai ter para mostrar até a colheita. Se você arar sua terra bem, haverá momentos que se sentirá um fracassado, que não está fazendo nada de valor.

Haverá momento em que você se sentirá que ninguém vê o que está fazendo e pensa em desistir, quando tudo parece ser muito. Mantenha-se cavando com paciência, isto são apenas as feridas falando. Os anos de adolescência e o início dos anos vinte são seus anos fundamentais, tenha o fundamento certo e você evitará muitos problemas no futuro. Felizmente o tempo de arar não dura para sempre. E lembre-se, uvas selvagens e azedas só se parecem atraentes até você comê-las.

O quanto a modéstia é realmente importante?

Assim que não nos julguemos mais uns aos outros; antes seja o vosso propósito não por tropeço ou escândalo ao irmão.
Romanos 14:13

Quando minha mãe era pequena "Lixo e Desordenado" não existia, então sua avó a levava ocasionalmente a uma loja de presentes no final da rua e comprava um jogo de "pescaria". Havia sempre duas caixas, uma para meninos e outro para meninas cheios de pacotes com botões pequenos marrons. Por dois dólares você podia enfiar sua mão dentro do pacote e puxar um brinquedo misterioso. O excitante não era apenas puxar um cachorrinho de plástico ou um vaso, mas a sensação da surpresa.

Temos a tendência de pensar que modéstia é como uma saco, algo sem forma e feio, que modéstia é algo somos forçados, uma vez que somos Cristãos. Por um longo tempo eu senti estranha porque eu não usava vestidos decotados como as outras amigas de minha idade. Eu sabia que era a coisa certa a fazer, mas queria me enquadrar nos padrões. Só quando eu cresci um pouco que entendi que modéstia é para ser premiada em vez de ser um presente de natal embrulhado. Modéstia é respeitar e valorizar a você mesma o suficiente para dizer "eu tenho mais a oferecer do que apenas meu corpo." Eu sou uma garota pela qual vale a pena lutar." Ao respeitar seu corpo, você respeita a Deus e todos que você encontrar. Modéstia é dar valor a Deus que lhe fez para ser e ajudar em santidade a outros rapazes a lutar pelo que é certo. Um rapaz é livre para vê-la como uma pessoa em vez de ser atraído apenas pelas curvas do seu corpo.

A coisa realmente triste sobre vestir-se vulgarmente é o baixo nível de homem que ficará interessado em nós, como mulheres que buscam a santidade assumimos o pior de nós. Isto também nos faz parecer necessitadas e inseguras. Vestir-se apropriadamente pode ser assustador; é fugir dos padrões do mundo. É algo corajoso e radical e não quer dizer que terá que vestir vestido o tempo todo. Se por um lado gostamos de vestir saias e vestidos, lembremos que é bem mais modesto subir escadas com jeans. Nem todo short é indecente tampouco. Penso que necessitamos nos olhar no espelho e perguntar a nós mesmas: "este top não está mostrando muito ou este jeans não está um pouco apertado demais?"

Modéstia não significa que você tem que se vestir como se estivesse em um culto, significa proteger-se. Pergunte a Deus ou a um homem de confiança se há alguma roupa sua que necessita ajuste ou mesmo livrar-se dela. Modéstia não significa vestir-se como uma anciã. Você pode usar uma roupa da moda modestamente. Você apenas precisa ajustá-las. Um vestido curto pode se tornar bonito e modesto com um jeans e um top por baixo. É difícil para nossos irmãos em Cristo viver nesta sociedade, vamos ajudá-los o máximo que pudermos. Além disso, como minha mãe costuma dizer, "Se você cobrir bem a parte de cima, não somente os rapazes lhe respeitarão como também imaginarão tudo muito melhor que realmente é como o joguinho de pescaria".

Rachel Hamilton

AQUI ESTÁ O QUE OS RAPAZES DISSERAM DAS GAROTAS QUE SE IMPORTAM EM SER MODESTA.

◊ *Pelo fato de as opiniões dos rapazes serem muito importantes para as garotas, eu pedi algum retorno sobre o assunto da modéstia e eis aqui o que recebi.*

◊ *Uma garota modesta respeita a si mesma, e isto não é conformismo. – Josh Collins-*

◊ *Quando eu vejo uma garota vestida modestamente, ela mostra respeito e integridade, e ela procurando por alguém sério com as mesmas qualidades. – Josbel Nazario –*

◊ *Eu gosto de sua decisão. Considerando como pensamentos de luxúria vem naturalmente, eu gosto qualquer uma que não provoque estes pensamentos. – Joshua Nason –*

◊ *Modéstia é atrativa! Mostra que uma mulher respeita a si mesma. – Para minha amada esposa -*

◊ *Modéstia é extremamente importante. Honestamente, eu acho que modéstia é um tremendo atrativo. Ambos, homens e mulheres devem ser modesto. Rapazes que não precisam exibir seus músculos e mulheres não deviam mostrar-se tanto. – Michael Germain –*

O QUE OUTROS DIZEM.

◊ *Eu sinto que modéstia é de suma importância, para ambos os garotos e garotas. Nós não sabemos que tipo de esposa (no futuro) desposaremos. – Sierra Palacios –*

◊ *Está claro que modéstia não se trata apenas de sua roupa. É sobre suas ações também. – Anônimo –*

◊ *Eu acho que não apenas físico, mas emocional, e tristemente não há nesta geração.*

Batalhas Ocultas

◊   - *Rebekah Caldwell* –

◊   *Eu acho que existem dois tipos de modéstia: vestir e ações. Roupas no sentido de cobrir-se ainda que tenha um corpo bem definido.*

◊   *Eu penso que modéstia é de suma importância, para rapazes e garotas. Não temos ideia de quem será (no futuro) nossa esposa. – Sierra Palacios.-*

◊   *Modéstia, com certeza, não quer dizer apenas com suas roupas. É também suas ações. – Anônimo-*

◊   *Eu acho que não é algo apenas físico, mas também emocional, e infelizmente não existe nesta geração. - Rebekah Caldwell*

◊   *Eu penso que existem dois tipos de moderação: Vestir e ações. Roupas significa cobrir-se, ainda que se tenha um corpo modelado. Ações são sinônimo de humildade. Manter-se modesta como uma conquista ou prêmio, dando Glória a Deus. – Hadlee Hammer –*

◊   *Moderação é sinal de respeito (a mim mesma, ao meu namorado, aos irmãos e irmãs em Cristo). Eu não quero ser tropeço para ninguém. – Bekah Mundt –*

◊   *Eu penso que moderação é muito importante porque reduz a luxúria – Cavalheiro atual –*

◊   *O homem de Deus amará sua moderação – Hannah Patulski –*

◊   *Moderação é uma das mais importantes coisas que uma pré-adolescente precisa aprender. Isto se aplica também aos garotos no colegial. – Beth Schuman –*

◊   *Para mim, moderação é ambas as coisas, como você se veste e como se comporta. Se você se veste moderadamente, mas suas ações são provocativas então não está ajudando. – Emily Diehl –*

Rachel Hamilton

◊ *Senhoritas, vocês querem encontrar um rapaz que queira mais do que seu corpo, mantenha-o coberto. – Dicas Para jovens Cristãs. –*

◊ *Eu costumava usar a frase "moderada é mais atraente", mas não devemos nos esforçar para sermos sensuais, mas sim sofisticada. - Megan Marie*

◊ *Rapazes se apaixonam pelo seu coração, não pelo seu corpo, ou o quão "oferecida" você possa ser. Não dificulte aos rapazes de terem pensamentos puros. Ouse ser aquela que atrairá seu rapaz pelo seu sorriso, não pelo seu corpo. – Chloe_H –*

Então vamos fazer da moderação o novo normal e crer que merecemos respeitos. Moderação é extremamente lindo. Deus quer que você veja isto e creia. Embora moderação possa ser desconhecia para muitas, é uma proteção e uma guarda. Sim, fará que você se destaque por ser diferente, mas da maneira correta de ser. Você pode atrair menos a atenção dos homens ao vestir-se moderadamente, mas aquele que lhe notar será o tipo de homem pelo qual vale a pena esperar.

O que os rapazes cristãos querem que as garotas saibam

Não repreendas asperamente os anciãos, mas admoesta-os como a pais; aos moços como a irmãos; As mulheres idosas, como a mães, às moças, como a irmãs, em toda a pureza.
1 Timóteo 5:2

Para todas as mulheres cristãs, vocês são presentes de Deus. Por si mesma você é linda. Outra questão, não se conforme em ser a segunda escolha. Como homem, eu quase fiz esta escolha, mas Deus me levou para longe dela porque ELE sabia que havia alguém melhor. Por último, eu quero que as mulheres cristãs saibam que os homens oram por suas futuras esposas. Eu oro por minha futura esposa, eu ora por ela todos os dias e peço a Deus que a abençoe e continue a fortalecê-la em sua relação com Ele. Se minha futura esposa um dia ler isso um dia, eu quero que ela saiba de uma coisa: confie em Deus e continue em seu caminho porque quanto mais crescer nossa intimidade com Deus, mas perto estará o nosso encontro e juntos poderemos encorajar a outros a serem imitadores de Cristo. – Michael Germain –

Conheça a Deus por si mesmo, então você poderá realmente ser uma parceira que ajuda. – Richard Jay –

Eu gostaria que as garotas soubessem que rapazes não são todos iguais. Dê-nos uma chance e nos conheça. Seja nossa amiga, daqueles que são realmente amigáveis e verdadeiros homens. Eu gostaria que elas soubessem que alguns de nós preferimos começar um relacionamento com uma boa amizade primeiro. Eu, por exemplo gosto de tratar as garotas como princesas e rainhas. – Bisantino Anthony –

Prezadas garotas incríveis, por favor parem de se encontrar com garotos "pé de chinelo". Isto nos entristece, se você reclama de nunca encontrar O RAPAZ CERTO, então pare de tentar. Dê ao RAPAZ CERTO a chance de encontrá-las. Senhoritas ele a tratará do mesmo modo que trata sua irmã ou sua mãe. Senhoritas, vocês precisam entender que há um rapaz perfeito lá fora à sua espera. Ele existe e está morrendo de vontade de encontrá-la. Segure-se para ele. Olhe para você mesma no espelho antes de sair de casa e pergunte: "Que tipo de rapaz eu vou atrair vestida desse jeito? Se você se joga ao primeiro rapaz que lhe doa uma parte do tempo, você corre o risco de perder aquele que lhe dará todo seu tempo. Você procura por alguém que escute, proteja e lhe dê tudo que precisa e muito mais? Tente confiar em Deus antes de buscar tal rapaz. – Um cavalheiro do Norte –

Nós ainda estamos aqui! Podemos ser raro, mas cavalheiros cristãos estão lá fora, se você olhar e não se contentar com nada menos. – Cavalheiro Cristão –

Eu gostaria que elas soubessem que, embora os rapazes cristãos tenham uma mente clara sobre Pureza e Castidade, ainda precisamos que da ajuda das garotas. Precisamos dela para mantermo-nos responsáveis, não tolerar atos lascivos, nos recarregarmos e seguirmos no caminho certo. Se uma garota mostra ao rapaz seu lindo coração o ajudará a não focar-se em seu lindo corpo. – Alex Cristão F. –

Nenhum relacionamento é perfeito, é sobre dois corações se conectando, mesmo julgo e equilíbrio. – Josh Collins –

Relacionamento não devia ser totalmente governado pelo rapaz. Nós na verdade queremos que as garotas ditem algumas regras também. Assumam. – Chris Blankenship –

Se você tem algo a dizer não corra para a moita ou se esconda. Nós suportamos. Sem mentiras, nem segredos. – Homem Cristão –

Eu gostaria que as garotas cristãs saibam que somos todos uma família em Cristo, vocês são nossas irmãs. – Para minha futura esposa –

Um homem de verdade ama cuidar de sua esposa, prestar atenção a elas e mimá-las. - Para minha dorável esposa –

Elas devem saber que é preciso ter um relacionamento com Cristo antes de ter um relacionamento com seu amado. Este é o time mais forte. – Jesse –

Estamos interessadas em garotas que estejam interessadas em Deus. Quanto mais buscam a Deus, mais nós as buscaremos. – Jovem em busca –

Queremos uma mulher que tenha auto respeito, uma opinião sobre sua própria beleza, que espera ser tratado como uma dama. – Tinashe Nyahasha –

Qualquer garota que fica na mente do rapaz como uma tatuagem, impossível de removê-la. Guarde-a para o matrimônio. – David Donegan –

Como um jovem cristão eu quero que uma garota saiba que ela pertence a Deus, ver estas coisas pela perspectiva da palavra de Deus, acreditando em Sua palavra. Garotas devem ser ajudantes como Sara foi para Abraão. Elas deviam compreender a importância de crescer em seus relacionamentos com Deus, assim sempre crescerão rumo a Deus, pois elas são vasos de Deus trazendo vida a este mundo. Ganiyu Tairu –

Eu quero que elas saibam que não são objetos, são criações lindas. Nós amamos isto se elas temem a Deus e pregam a verdade. Queremos que elas usem o discernimento sobre se somos para elas ou não, e queremos que elas se importem com Deus mais do que conosco. É triste quando algumas falam de coração, mas julgam os rapazes pela aparência. Quando vestem saias curtas ou tops curtos elas não se valorizam. Amamos garotas com moderação, elas chamam nossa atenção não quando se vestem para os olhos dos homens, mas para os olhos de Deus. Amamos a cada uma delas como irmãs e queremos que elas cresçam, e sejam submissas a Deus em todas as áreas. Teste tudo, guarde a verdade e ame a Deus mais que os homens. Uma garota que teme a Deus é mais do que qualquer modelo de capa de revista. Não há comparação. – Edher Cavero –

Garotas não percam a esperança de encontrar homens de Deus. Eles existem. – Joseph –

Por mais que os homens cristãos (homens em geral) odeiem a ideia de rejeição, queremos que as

mulheres saibam que ainda é nossa responsabilidade de correr o risco e não querer que as mulheres assumam a liderança nos início do relacionamento. Nossa cultura popular prevalente tem misturado tudo. Somos como o esposo de Rute em nossos direitos. Uma de vocês pode ser nossa Rute. Você pode até se colocar a frente (como Rute fez), para que percebamos sua beleza, caráter e exclusividade dado por Deus. Nós perceberemos e vamos perseguir "sua aparição", significando que há uma linha fina muito sutil do que uma mulher pode fazer para deixar o cara saber que ela está interessada, mas ainda deixá-lo correr esse risco de rejeição. Não sou especialista em namoro ou relacionamento, mas quando as mulheres se vestem com moderação e tem uma base sólida em Cristo isto chama minha atenção, isto é que me faz com que eu a perceba.
– Chris Evangelista –

Rapazes que estão procurando por um relacionamento físico buscam garotas que se vestem também como quem procura o mesmo. Então seja moderada e se vista não para atrair, mas se vista atrativamente. Apesar da beleza deste mundo se referir mais às mulheres, eu penso que também pode ser aplicado aos rapazes. Rapazes também gostam de alguém autêntico e que não se esconda atrás do ela pensa que as pessoas querem ver. Somos também mais atraídos ao ver uma dama que é confiante em sua identidade em Jesus Cristo. – Jordan Zapanta –

Rapazes que possuem um relacionamento com Jesus são atraídos não para a aparência física,m as sua maturidade espiritual. E não colocam romantismo em tudo que os rapazes falam. Rapazes cristãos muitas vezes são mal interpretados quando eles mostram preocupação com suas amigas. Devemos ser bom porque temos a responsabilidade para vocês, como nossas irmãs em Cristo. ~ Ronnel Ramos ~

Meninas, não acho que você tem que ser outra pessoa para ser amado por alguém, porque a verdade é que você é amada. Vocês todas são princesas e filhas de um rei chamado Jesus. Por isso, tratem os rapazes como seus irmãos. Espere pelo tempo certo quando poderá tratar alguém como seu futuro esposo. A coisa certa no tempo errado, ainda será um erro. – RM Rodriguez –

Não tente mudar nosso jeito, porque Deus é o único que tem autoridade e poder de nos transformar. Se você quer que mudemos, você precisa mudar. E por favor, pare de pensar que mulher é nossa fraqueza. Nem todos os rapazes são como Sansão ou Davi, porque em primeiro lugar, como homens nosso modelo é Jesus. Por favor, não conclua que nós gostamos de vocês, a menos que falemos abertamente. E em termos de comunicação, nós temos sentimentos e não somos insensíveis. Nós apenas não conseguimos compreender o que se passa com vocês, porque para nós homens, há palavras que existem apenas um significado, enquanto para vocês mulheres existem vários. Por exemplo, quando a garota diz "eu não quero", vocês colocam vários significados nisso, como "Me provoque, pergunte de novo, etc.", mas para nós rapazes apenas interpretamos como realmente é, você não quer. – Mark Soriano –

Nem todos os rapazes tirarão vantagem. Alguns realmente são sinceros em suas intenções de perseguir a santidade. – Paul Placer –

Seus apoios para nós como irmãs é suficiente para nos fazer pensar e cumprir nossas funções. Não pense que queremos competir com vocês. Honestamente, garotas tem ideias brilhantes, mas para impulsionar nosso espírito de homens, seria ótimo ter o apoio de vocês. – Arvick Mirondo –

Lista de Amor.

O meu Deus, segundo as suas riquezas, suprirá todas as vossas necessidades em glória, por Cristo Jesus. Filipenses 4:19

Você já sentou e pensou sobre as coisas que são importante para você em um homem? Ou a única coisa que pensa é agarrar um rapaz? Alguém que quer comprar um carro deveria ter algumas idéias básicas do tipo de carro que ele quer. O tamanho, o modelo, refletir sobre suas necessidades. Uma família de oito que vive no interior necessitará de um carro diferente do que uma mulher solteira. Uma família grande que comprou um lindo carro pequeno esportivo porque é bonito, rápido e vermelho ficará rapidamente frustrado porque é totalmente inapropriado para suas necessidades. Se é sensato termos certos cuidados ao comprar um carro, não deveríamos muito mais termos alguma ideia sobre valores e qualidades que são importantes para nós em um marido em potencial? Muitas garotas apanhadas na magia do "uau-um-cara-gosta-de-mim" tem comprado um homem-carro-esporte, quando na verdade precisava de um homem minivan.

Algum tempo atrás eu fui desafiada por um amigo a escrever uma lista de qualidade e atributos que eu queria em um homem. Ele disse que havia escrito uma lista do que ele queria em uma esposa, até mesmo a cor dos olhos ele escreveu. Ele ficou impressionado quando a encontrou pela primeira vez e viu como Deus tinha ouvido seus anseios até nos pequenos detalhes. Não me entenda mal. Eu não estou dizendo que se um homem tiver olhos azuis em vez de castanho você deva concluir que definitivamente ele não é a escolha de Deus para você. Contudo eu creio que ter uma lista ajuda a lembrarnos: o que realmente importa no futuro marido? Quando era mais jovem eu não me importava quem era o rapaz, se ele mostrasse algum interesse em mim, já era o suficiente. Quem se importava se ele tinha os mesmos valores que eu? Eu era tão insegura que sentia que atração por mim e que eu não era uma garota de verdade. Agora sou um pouco mais velha e a luta por novidades se esgotou, uma mente mais madura tomou seu lugar. Sou mais focada em coisas que realmente importam. Ele tem a mesma profundidade de fé que eu tenho? Estamos indo na mesma direção na vida? Temos inteligências e personalidades compatíveis? Em vez de ficar presa à mentalidade do "talvez-possamos-nos-apaixonar", eu vejo que existem coisas muito mais importantes para se preocupar do que um ego ferido. Isto me impediu de ficar buscando homens que não tinham as qualidades que queria em um marido. Houve tempo que interessava por alguém só para descobrir que ele não tinha as qualidades que eu procurava. Agora eu tenho uma ideia clara assim que Deus fala não para um rapaz que estou gostando. Ele está me poupando muita energia emocional. Algumas pessoas acreditam que sou muito exigente, mas eu creio que Deus pode me trazer alguém com todas as qualidades que estão em minha lista, se for sua vontade. Então eu lhe encorajo a fazer sua lista de qualidades que você busca em um homem, escreva em seu diário, esconda-o e observe Deus fazer milagres incríveis porque Deus pode dar-lhe o desejo de seu coração. Mas também lembre que Deus pode mudar seus desejos. Anime-se que Deus tem coisas incríveis reservado para você muito mais excitante que um carro novo.

Marco Mítico.

Tudo fez formoso em seu tempo; também pôs o mundo no coração do homem, sem que este possa descobrir a obra que Deus fez desde o princípio até ao fim. Eclesiastes 3:11

Maria não podia esperar para ter um homem. A excitação do encontro, flores, chocolate, primeiro beijo e trocar seus status online, tudo parecia tão desejável. Havia apenas um pequeno problema, ela não tinha permissão para namorar antes dos dezoitos anos, e aos quatorze isto parecia um milhão de anos. Finalmente seus dezoito anos chegaram. "Aguarda por um pedido de casamento logo." Ela contou para todos na festa." Mas havia um pequeno problema, ela não tinha encontrado ninguém especial ainda. Os meses passaram, "Eu ficarei solteirona" Maria gritou ao avistar os dezenove anos apontar no horizonte.

Batalhas Ocultas

Felizmente um jovem havia se mudado recentemente para sua igreja. Dentro de poucas semanas eles eram um casal e em seu aniversário de dezenove, reunida com suas amigas, ela andava pelo corredor. "Agora ninguém pode me chamar de solteirona" Maria suspirou aliviada.

Alguns aniversários marcam mais que outros momentos. Eles são portas de entradas para algumas atividades que antes eram negadas, como ir para escola sozinha, dirigir, beber bebida alcoólica ou votar. O perigoso é anexar expectativas românticas a certos aniversários. Muitas vezes eu ouvi "eu quero me casar antes dos vinte e cinco." I estou autorizada a namorar com dezoito." E por aí segue. Isto é perigoso porque colocamos inconscientemente a Deus em uma caixa e nos predispomos para a decepção. Temos deixado a nós mesmas sem flexibilidade mental para diminuir o tempo e ficamos mais suscetível a aceitar menos do que o melhor de Deus. É fácil se preocupar sobre estar solteira, tornamos desesperadas e prontas para pegar o primeiro. Os anos de adolescências são anos muitos valiosos e únicos. É possível se perder nas coisas que Deus quer nos ensinar agora, porque estamos preocupadas com nosso futuro e encontrar alguém antes que seja tarde demais. O tempo de Deus não é o mesmo nosso, por isso estabelecer a "Era" nos ajudará a tornar-se mais aceitável onde estamos agora. Se você pretende se casar, Deus sabe a melhor idade para você. Se permanecer solteira por mais tempo, esperamos compreender que não somos velhas, não quistas, feias ou estranhas. O tempo de Deus não é o nosso. Ele nunca está adiantado ou atrasado, mas no tempo certo.

O mundo da Fantasia

O que lavrar a sua terra virá a fartar-se de pão, mas o que segue a ociosos se fartará de pobreza. Provérbios 28:19

Sally fechou o livro e se inclinou em sua cadeira, "Que linda história de amor, traição, lindos heróis". Ela pensou na parte quando o herói salvou a princesa do afogamento. "Não posso esperar até meu príncipe chegar e deitar-se aos meus pés. Será igual ao meu conto de fadas favorito" ela pensou toda contente. Ela imaginou o momento que ELE seguraria pela primeira vez a sua mão, o momento que ELE colocaria um anel de diamante em seu dedo. E (suspiro) o momento (capturado do filme) ela caminharia até o altar. Era tudo tão maravilhoso, tão incrível, porém em sua cabeça. Cuidado com livros de romance e filmes. Eles podem lhe trazer descontentamento em sua solteirice. Sim, pode ser perigoso ler um livro que você simplesmente não pode realizar. O filme pode ser lindo e fazer você chorar. Mas, devemos ter cuidado com o que estamos alimentando nossas mentes. Por que existem tantos livros e filmes de romance? Porque no fundo o coração de uma garota (não importa quanto moleque ela seja) há um desejo enorme de ser realmente conhecida e amada por ela mesma. Todas nós queremos se escolhida e escutar as palavras "ela é minha e eu a amo." Este desejo é dado por Deus, contudo quando nos tornamos obsessivas com livros de romance e filmes, estamos escorregando para uma encosta perigosa. Se Sally se mantém sonhando diariamente sobre seu conto de fada imaginário ela poderá mudar-se de uma sonhadora feliz para uma pessoa muito descontente quando seu príncipe encantado falhar em aparecer no tempo esperado. Ou se ele aparecer talvez ela não o reconheça na figura de rapaz blogueiro. O pior é que ela podia aproveitar seu tempo de solteira e toda liberdade e seguir confiando em Deus, coisas que a vida de matrimônio e filhos lhe impediria. Quando invejamos as garotas nos filmes, as princesas nos livros, caímos na autopiedade. Esquecemos que Hollywood enfatiza especialmente o lado romântico de uma relação entre homem e mulher. Nem todos os homens vão lhe enviar flores, chocolates ou salvá-la da ponta de

Batalhas Ocultas

um guindaste, ou de um lagarto gigante. Quando enchemos nossas mentes com doses pesadas de romances fantasiosos, isto cria uma expectativa sobre o jovem blogueiro que nunca será o Super-homem ou Sr. Incrível. Não estou dizendo que nunca poderá assistir a um filme ou ler um livro de romances, apenas precisamos ser cautelosas sobre o que estamos colocando em nossas mentes e qual o nosso foco. O perigo da fantasia é que ele nos leva para fora da realidade, drena sua vida. Em vez de sair e curti a vida como ela é, perdemos tempo sonhando com uma vida perfeita imaginária. Ainda que isto possa ser divertido é uma armadilha terrível. É possível ficar presa ao mundo de faz de conta e esquecer de viver o presente. É possível pensar muito sobre o lado físico da casamento e esquecer que é apenas uma pequena parte da vida de casada. Conhecer alguém como pessoa e entender com eles pensam e quem eles são no fundo é muito mais do que um problema. Precisamos dar nossos corações a Cristo não a um homem imaginário que criamos em nossas cabeças. Nossas esperanças, sonhos e desejos devem pertencer a Deus e podemos dizer "Eu lhe dou o controle sobre a área romântica de minha vida, faça algo lindo com ela, eu sei que seus planos para minha vida são melhores do que qualquer livro ou filme."

Rachel Hamilton

A Batalha da mente.

Destruindo os conselhos, e toda a altivez que se levanta contra o conhecimento de Deus, e levando cativo todo o entendimento à obediência de Cristo. 2 Coríntios 10:5

"Ele é doce, carinhoso, gentil e inteligente, ele seria perfeito para mim" pensou Hannah ao cruzar a sala em direção a James que tinha começado o estudo bíblico. Hannah não estava flertando e não se jogava aos rapazes, ela era parte do grupo da igreja "Jovens mulheres esperando pelo melhor de Deus em um marido", ele não tinha sequer namorado antes. Solteira e esperando é o que ela sempre dizia às pessoas, mas por dentro ela realmente esperava que James a notasse. "Se Deus quiser eu o terei" ela orava em silêncio enquanto via aqueles cabelos negros curvados em oração. Eu sei que quando eu era mais jovem houve tempos que eu disse que era solteira e não me interessava ninguém, mas por dentro e construía fantasia sobre alguém que eu gostava. Eu pensava "talvez seja ele". Como Hannah eu construí castelos imaginários sobre nada mais do que uma paixão boba. Eu não queria deixá-lo ir e dizer que não vou me entregar a encontros fantasiosos, eu serei solteira, verdadeiramente solteira, eu esperarei pelo melhor de Deus ou eu não me casarei. Quando fantasiamos encontros podemos nos tornar presos emocionalmente às nossas paixões tolas e isto torna-se muito difícil quando descobrimos que ele não retorna o interesse, especialmente se ele gosta de outra garota. É semelhante a Hannah, perderemos muito tempo e energia sonhando com James, esperando em vão por algo que pode nunca acontecer. O que seria necessário para que Hannah se arriscasse e entregasse seu interesse por James a Deus? É assustador tirar suas mãos do volante de sua vida. Entregar o controle mesmo para o todo amoroso, onisciente, todo poderoso Deus corre o risco de não termos o que queremos. Eu me lembro do momento que Deus me pediu para parar de fantasiar encontros e deixar de pensar em alguém que eu achava que tinha potencial de ser meu marido. Ele me levou de volta para Eu e Jesus apenas, sem outras possibilidades, pelo tempo que ele queria. Eu me senti muito insegura sobre dar um passo de total entrega, mas uma vez que me rendi, eu descobri ser uma coisa muito libertadora. Em vez de preocupar sobre por que meu encontro de fantasia não acontece, eu penso "Deus fará com que aconteça sem minha ajuda, se tiver de acontecer", o que me permite tratar os homens como irmãos em Cristo em vez de maridos em potencial. Eu não olho mais para os rapazes imaginando "Será ELE?" Eu gastei muita energia tentando para fazer tudo baseado em meus próprios conhecimentos. Agora eu descanso no conforto de saber que Deus está segurando meu coração e me mostrará o escolhido no tempo certo.

Aqui está uma dica valiosa, se você vir um rapaz atraente caminhando na estrada e sua mente começar a imaginar "SERÁ ELE". Pare de construir castelos no ar (apenas lhe levarão ao desapontamento), desvie o olhar. Isto é semelhante ao desvio de olhar que os rapazes fazem para não pensar em coisas impuras. Se eu vejo um rapaz bonito, desviarei o olhar e não voltarei a olhar uma segunda vez, isto não tem a ver com falta de modéstia, tem tudo a ver com manter minha mente livre de pensamentos sobre um rapaz o qual eu me iluda pensando que é para mim, não é algo que Deus queira que eu faça. Não estou dizendo que Deus não lhe dirá, quem é o ESCOLHIDO antes que o rapaz se interesse por você. Estou dizendo que quando damos o controle de nossa mente a Cristo, há uma liberdade e paz, de saber que não compete a nós controlarmos tudo. É a vontade e a decisão de Deus e ele é poderoso o suficiente para fazê-lo. Afinal, ele é o inventor do matrimônio.

Cortejar ou namorar, isto importa?

Confia no SENHOR de todo o teu coração, e não te estribes no teu próprio entendimento. Reconhece-o em todos os teus caminhos, e ele endireitará as tuas veredas. Provérbios 3:5-6

Há uma praia não muito distante de nós que é uma baía pitoresca. No verão a água é bem azulada e de um brilho convidativo. O que eu não sabia sobre esta linda piscina a céu aberto é que debaixo desta superfície macia existem várias pedras pontiagudas. Além disso, o acampamento próximo da orla tem um problema de saneamento. Os desavisados descobrem logo, como eu, que leva tempo para curar as feridas desagradáveis adquiridas de um mergulho. Em questão do coração é fácil ser apanhado olhando apenas a superfície e esquece-mo-nos de olhar assuntos mais profundos. Muitas pessoas acham que namorar é um curso normal da vida. Alguns estão convencidos que namorar é errado, que cortejar é a melhor opção e em algumas culturas crêem que casamento arranjado é melhor, onde os pais escolhem com quem você vai se casar. Eu creio que todos esses caminhos são válidos, são como lindas águas brilhantes. O que importa mais é saber se você está desejoso de fazer o que Deus lhe pede, ou você está apenas procurando o caminho melhor e mais rápido de pegar um homem. Eu tenho amigas que namoraram, algumas cortejaram e outras que tiveram casamento arranjado e todas estão felizes em seus matrimônios. Eu sei também de algumas que não estão nada bem. Deus que você o coloque em primeiro lugar, ele vê seu coração e não quer que você saia no rastro de alguma fórmula pre-estabelecida. Nem todos compreenderão os caminhos que Deus traçou para você, especialmente se ele difere das práticas normais de nossa cultura. Mas, será incrível e lindo porque ele está escrevendo sua história de amor. Ele sabe do plano especial que ele tem para você e pode manter seu coração livre das pedras pontiagudas.

Rachel Hamilton

Atração ou Reação

Examinai tudo. Retende o bem.
1 Tessalonicenses 5:21

Laura não tinha gostado de Phil quando o conheceu pela primeira vez. "Ele é só um namorador e gosta que as mulheres o idolatrem" ela reclamou com sua mãe um domingo. "Eu não vejo como alguém pode gostar dele". Todos sabiam do desdém que Laura tinha por ele, incluindo Phil e derrepente ela parecia muito atraída por ele. Logo ele estava sentado ao lado dela no almoço, enviando flores e cartões para ela e, no final usando seu charme e aos poucos, os verdadeiros sentimentos por ele foram deixados de lado. Ela começou a se apaixonar por ele. Um dia quando ela estava rindo de umas mensagens bobas que ele havia enviado, sua mãe lhe disse: "Laura, achei que você odiava o Phil!" Sim, odiava, mas ele está diferente agora." Laura suspirou em sonhos. "Eu sinto atraída por ele, ele será meu príncipe e eu serei sua princesa." Minha irmã sempre achou os cães malcheirosos e nojentos, até o dia em que um cão gostou dela e desde então ela não fica sem um cão. Parece até que ela se apaixonou por todos os cães. Quando ele ia à praia, os cães corriam ao seu encontro. Os cães deixavam seu donos e iam até ela, advinha por quê? Minha irmã realmente amava os cães agora. Isto pode ser também no relacionamento. Você encontra alguém a qual não lhe dá muita atenção, mas eles lhe notam e começam a conversar com você com interesse. E assim como Laura e minha irmã, seu modo de ver começa a mudar porque você está encantada por alguém que realmente gosta de você. Derrepente o que era "estúpido" se transforma em "Sr Gentileza". Isto pode ser nada mais que uma reação. Encantar-se é uma emoção frágil para se pendurar em um matrimônio e assim alimentar a ideia de "bem, se ninguém me quer, melhor pegar o que eu consigo". Se você pretende casar-se com alguém que está a sua espera e que realmente a ame, não se venda rapidamente. Eu costumava pensar que se alguém gostou de mim eu tinha que gostar dele em troca. Quando uma casa está à venda o corretor imobiliário coloca um grande cartaz amarelo, às vezes com palavras atraentes como "Procura-se comprador", que apenas enfatiza o óbvio. Apenas um tolo correria e compraria a primeira casa que viu só porque o corretor fez disse que era a sua cara e que estava totalmente disponível. Do mesmo modo você não tem que se casar com o primeiro que mostra interesse em você. Eu não estou dizendo que Deus não poderia trazer-lhe o marido desta forma, ele poderia. Apenas estou dizendo que precisamos ser cuidadosas para não apaixonar por alguém simplesmente com base no fato de que ele se interessou por nós. Devemos olhar cuidadosamente por muitos interesses e valores em comum e orar sobre isto antes de começarmos um relacionamento porque casamento necessita ser cultivado muito mais sobre reação do que atração.

Eu o amo porque estou solitária.

A alma farta pisa o favo de mel, mas para a alma
faminta todo amargo é doce.
Provérbios 27:7

Melanie não estava buscando um romance de
verão durante sua folga na Itália, mas deve ter acontecido algo naquela noite fatídica no pequeno pi-
toresco café, quando um estranho moreno alto lhe
pediu se poderia sentar-se à sua mesa. Havia algo
confortante em ter um homem perto dela, então ela
aceitou. Melanie tinha estado solitária desde que
saiu de casa, a novidade de ser ela mesma rapidamente se foi e ela se sentiu insegura e pequena. Mas
sabia ela que nas próximas semanas ela se tornaria
próxima deste moreno alto e estranho. Isto é uma
perfeita história de amor ou não? Você já se sentiu solitária no meio da multidão como Melanie?

Você apenas quer que alguém lhe perceba pelo que você é. É ainda mais duro quando está rodeada por casais. Cada um tem seu par, menos você. Como garotas nós sempre desejamos alguém forte quando nos sentimos inseguras, para acalmar nossos medos e que diga "eu lhe protejo".

Ainda que eu creia que é Deus que nos dá o desejo, devemos ser cuidadosas para não apaixonar por alguém por causa de nossa vulnerabilidade. Só porque ele colocou uma mão forte em seus ombros quando você precisava, não quer dizer que ele é o ESCOLHIDO. Claro que isto poderia ser um modo que Deus quis que o encontrasse, mas devemos se cautelosas para não cairmos em um emaranhado emocional só porque ele agiu como homem.

Não faz muito tempo Deus me colocou em um lugar onde eu estava muito vulnerável, ele me enviou para um lugar onde eu fui abusava emocionalmente, estava isolada e desejosa por um rapaz que me desse apoio ou me confortasse. Mas isto não era o melhor para mim. Se Deus tivesse trazido alguém à minha vida então, eu talvez tivesse feito uma decisão errada, pois ele me fez sentir segura, eu talvez tivesse ficado surda para ouvir a voz de Deus dizendo que ele não era o escolhido. Talvez teria lido mais sobre a situação que vivia e ter pensado, "é ele o escolhido, pois Deus o trouxe quando eu mais precisava".

Deus que o melhor, mesmo que você não sinta isto. Realmente lhe ajudará se der um passo atrás e perguntar "eu gosto deste rapaz porque estou solitária e cansada de ficar sozinha ou há algo a mais em meus sentimentos sobre ele? Deus nos dará sabedoria e direcionamento se perguntarmos a ele. Então peça-o que lhe mostre e ele lhe guiará.

Rachel Hamilton

O poder do toque.

Conjuro-vos, ó filhas de Jerusalém, pelas gazelas e cervas do campo, que não acordeis nem desperteis o meu amor, até que queira. Cântico dos Cânticos 2:7

Kate não havia percebido aquele jovem de cabelos ruivos Cameron Stewart que fazia parte da equipe extensão de verão até aquela manhã quando ele se sentou à mesa para o café da manhã.

Eles conversaram agradavelmente sobre o clima e coisas sem importância, enquanto bebiam café e comia torradas, mas quando Cameron se levantou para sair, ele a tocou delicadamente em seus ombros antes de partir. Nos dias seguintes Kate se pegou olhando para ele durante o almoço, ela se sentiu atraída por ele e queria conhecê-lo melhor. Até que um dia ela o ouviuele conversando com um amigo que sentia falta de sua namorada. Kate ficou arrasada, não haveria nada entre os dois afinal. O poder do toque é incrível, um Deus que dá as coisas no tempo certo. Mas devemos ser cautelosas com o toque antes de casarmos. Seja cuidadosa com o toque dos rapazes, os quais, com certeza você deve evitá-los. Não estou falando de toques inapropriados ou pecaminosos, os quais com certeza você deve evitá-los. Falo de toques e massagens nos ombros, inclinando-se sobre você. Eu não creio que estes sejam pecaminosos, mas é uma coisa poderosa entre um homem e uma mulher que pode despertar sentimentos dentro de você e lhe dar falsa sensação de intimidade. Às vezes quando um rapaz segue nos tocando em momentos amigáveis, podemos erroneamente pensar que ele gosta de nós muito mais do que realmente gosta. Como Kate podemos tirar várias conclusões, pensar nesta situação a todo instante do qual ele já se esqueceu há muito tempo. Pode ser prazeroso e agradável quando um rapaz lhe abraça e deita sua cabeça em seu ombro, mas se vira rotina, pode lhe inclinar a querer a pessoa errada.

Existem incontáveis filmes de rapazes e garotas se beijando, mesmo menores de doze anos. É tão triste de ver o pequeno respeito que a mídia dá ao poder do toque. A mídia envia uma forte mensagem que se você tem dezessete anos e nunca foi beijada há algo de errado com você. Aos vinte e um e nunca beijada, eu posso dizer-lhe que tenho salvado muitos corações feridos e conflitos emocionais. O toque entre o homem e a mulher, quando é com a pessoa errada e o momento errado pode ser muito perigoso. Quando estamos em um relacionamento, mas não casadas ainda, devemos estar altamente atenta do poder do toque. Espírito de oração e auto controle guardam nossos corações e mãos, assim nos apaixonaremos pela mente e o espírito de outra pessoa sem distração do toque, pois este pode encobrir incompatibilidades gritantes. Então quando saber se o toque é demasiado. Não se trata de estabelecer regras, mas sim é um assunto do coração, de relacionamento. Não seu relacionamento com outra pessoa, mas com Deus. Você, lá no fundo, coloca Jesus em primeiro lugar em todas as áreas de sua vida? Então ser pura e responsável nesta área não será diferente. Se você e o homem que você gosta estimam a pureza um do outro no mais alto nível, então Deus lhes ajudará a manter a pureza com seu toque.

Nunca uma noiva.

E bem quisera eu que estivésseis sem cuidado. O solteiro cuida das coisas do Senhor, em como há de agradar ao Senhor.
1 Coríntios 7:32

Temos diversas montanhas conhecidas mundialmente na ilha do sul de Nova Zelândia que atrai muitos alpinistas. As terras se espalham das costas como planas no princípio e então se eleva até os Alpes do Sul. Devemos ser o único país no mundo que no qual é possível esquiar de manhã e ir à praia à tarde. Não importa quão maravilhosas são as montanhas em Nova Zelândia, o desafio final para os alpinistas será o Monte Everest. Eu penso que todos os alpinistas devem imaginar "um dia escalarei o Monte Everest?" Neste estágio da vida a grande pergunta em nossos corações não é se "escalarei o Everest", mas sim, "Eu me casarei? Aqui está o desafio. Seguirá confiando em Deus se ele nunca lhe trouxer um marido? Ainda fará tudo que Cristo lhe pedir, mesmo que isto signifique que nunca se casará? Você consegue encarar a pergunta ou você crê que Deus tem que trazer seu marido, caso contrário ele não lhe ama? Algumas decisões são como pular na cachoeira, uma vez que você pulou não há como mudar de opinião. Para mim, decidir a seguir Cristo mesmo se ele não realizar os meus desejos de casarme é muito mais um desistir de comer chocolate. Acho que tenho dado meu tudo a Deus e então assim como o desejo de comer o chocolate que está na geladeira, a montanha-russa de anseios emocionais começa novamente e eu tenho que colocá-los para baixo outra vez. Se estou inteiramente entregue a Deus eu preciso encarar a desagradável possibilidade de que casar, talvez não seja o maior chamado de Deus para mim, solteirice pode ser o que ele tem guardado para mim. Entrega verdadeira significa que podemos pedir coisas a Deus, mas ele tem o direito de dizer "Não, eu tenho algo melhor reservado para você." Se eu nunca me casar não quer dizer que Deus me ama menos do que as pessoas que se casam. Não, significa que ele tem um plano especial para minha vida e ele me compensará tornado o caminho mais gratificante.

Não quer dizer que nunca terei desejos, mas a

vontade de Deus é sempre o melhor lugar para se estar, não importa o que seja. Você poderia encher uma biblioteca com livros escritos sobre maus casamentos e vidas arruinadas por desobedecer a Deus, mas eu nunca ouvi alguém dizer "Eu obedeci a Deus e estou realmente arrependido". Eu tenho uma tia que gostaria de ter se casado, mas não foi o plano de Deus para ela. Ela está agora na casa dos cinqüenta e segue vibrante, cheia de vida, porque ela não ficou parada esperando pelo marido, sequer complicou sua vida com besteiras ou em uma vida de pecado. Ela é professora com um grande nível social que lidera missões com freqüência pelo mundo e aproveita o máximo sua solteirice.

Ela é um grande exemplo de como confiar em Deus, não importando se casada ou solteira lhe dá uma vida cheia de sentido. Às vezes eu imagino se eu sou capaz de viver uma vida de solteira por toda minha vida. Então eu me lembro que já tenho vivido solteira por vinte e um anos e minha tia por mais de cinqüenta, então eu sei que Deus poderia me levar por mais sessenta anos se esta for sua vontade para mim. Eu acho que a grande pergunta para um Cristão não é "Eu me casarei?", mas "eu serei sempre obediente?"

Sobre a autora

Rachel Hamilton é uma escritora neozelandesa. É autora de "Vale a pena esperar". Tornando-se homens e mulheres de Deus na espera. Um ministério online para encorajar aqueles que estão esperando o melhor em Deus. Por meio do Facebook, Twitter e YouTube, ela tem como objetivo ajudar pessoas a ver que elas não estão sozinhas e que Deus tem um plano incrível para suas vidas.

Descubra mais sobre seu ministério
Facebook: facebook/godswomaninwaiting
Twitter:@waitingisbest
Visite seu blog rachelhamiltonnz.wordress.com

www.ingramcontent.com/pod-product-compliance
Lightning Source LLC
Chambersburg PA
CBHW031130020426
42333CB00012B/309